中等职业教育课程改革规划新教材

报关培训教程
——报关编码

主　编　尹圣男
副主编　张晓辉　刘乐琴

HEUP 哈尔滨工程大学出版社

内容简介

本书结合进出口商品编码与归类特点，参照企业教学案例，针对报关员职业资格考试特点进行编写。本书项目一讲述了商品归类的总规则和一般方法；项目二详细介绍了各种进出口商品的归类；项目三结合历年报关考试真题练习对商品进行归类。

本书适用于中等职业学校国际商务报关报检相关专业学生使用。

图书在版编目(CIP)数据

报关培训教程:报关编码/尹圣男主编. —哈尔滨 ：哈尔滨工程大学出版社，2014.5

ISBN 978-7-5661-0804-3

Ⅰ.①报… Ⅱ.①尹… Ⅲ.①进出口商品-分类-技术培训-教材 Ⅳ.①F760.2

中国版本图书馆 CIP 数据核字(2014)第 099255 号

出版发行 哈尔滨工程大学出版社
社　　址 哈尔滨市南岗区东大直街 124 号
邮政编码 150001
发行电话 0451-82519328
传　　真 0451-82519699
经　　销 新华书店
印　　刷 哈尔滨市石桥印务有限公司
开　　本 787mm×1092mm 1/16
印　　张 9.5
字　　数 237 千字
版　　次 2014 年 5 月第 1 版
印　　次 2014 年 5 月第 1 次印刷
定　　价 35.00 元
http://www.hrbeupress.com
E-mail:heupress@hrbeu.edu.cn

大连市经济贸易学校
教材编审委员会

序

2010年，教育部、人力资源和社会保障部、财政部三部委联合下发的《关于实施国家中等职业教育改革发展示范学校建设计划的意见》（教职成[2010]9号）明确指出，中等职业教育要以人才培养对接用人需求、专业对接产业、课程对接岗位、教材对接技能为切入点，深化教学内容改革，建立由行业、企业、学校和有关社会组织等多方参与的教材建设机制，针对岗位技能要求变化，在现有教材基础上开发补充性、更新性和延伸性的教辅材料；依托企业研发适应新兴产业、新职业和新岗位的校本教材。我校是第二批国家改革发展示范学校的立项建设学校，为了解决课程内容与岗位知识和技能的有效对接问题，组织了由企业参与的教材编写团队，精心编撰了《报关培训教程—报关编码》教材。本教材从培养学生的专业知识能力、社会能力和方法能力入手，突出创新和实效两大特点，自始至终坚持"以能力为本位，以就业为导向"的教材编写理念。

编撰《报关培训教程—报关编码》，是我校国际商务专业的一项阶段性成果，是我校改革发展的体现，也是专业教师对国际商务相关岗位职业素养融入教学内容的很好体现，更是该类专业学生专业基础知识和职业素养提升的有效途径，这对国际商务专业无疑是一个有效的尝试，也必将为更深层次的专业教学改革提供借鉴。

中等职业教育的人才培养目标是培养德才兼备的高素质技能型人才，职业素养是学生胜任未来工作的必需，这其中包括知识、技能、态度以及价值观等。这本教材涵盖了职业素养的方方面面，尤其是把专业基础知识和岗位相关能力很好地融入教材之中，体现了基础性、职业性、岗位性，也符合中等职业教育人才培养的要求。

教材建设是中等职业教育教学工作的重要组成部分，也是国家中等职业教育改革发展示范学校建设的重要内容之一，因此，电子商务类专业的系列教材也将陆续出版，我们期盼这些教材的实用价值，更期望本系列教材的出版能为本地区的人才培养贡献微薄之力。

大连市经济贸易学校校长　隋明山

2014年4月

前　言

本书以国际商务专业建设方案为依托，与人才培养模式和课程体系建设目标相对接，以“报关员”职业活动为主线，与企业岗位需求相对接，以“项目驱动、任务引领”为理念，与报关员职业资格考试对接。在这三个对接的指引下，编者根据进出口商品编码与归类的特点，针对报关员考试出现的问题，编写了这本教材。

作为校本教材，本书具备以下创新点：

1. 内容全面。根据国际商务专业报关职业技能的需要，结合人才培养方案对学生素质能力的要求，在内容编排上覆盖了进出口商品归类的全部类别归类技能，同时囊括了近十年的海关职业资格考试题，内容丰富全面，可以满足技能提高培训和应试双重需要。

2. 形式生动。本书旨在通过浅显易懂、生动形象的阐述，为学生传授最新的报关编码知识和技能。在保证教材系统、专业、实用的基础上，穿插商品知识链接、实践活动等学生喜爱的内容，增加读者互动，丰富知识，增加了趣味性和可读性。

3. 校企合作开发。聘请行业企业专家作为教材编写委员会成员，全程参与教材的编写和审核工作，使教材更加贴近企业实际，并通过报关企业的真实工作情境指导学生实训，以达到学以致用、强化技能培养的目的。

本书由大连市经济贸易学校尹圣男担任主编，由大连市经济贸易学校张晓辉、大连泰达国际货运代理有限公司经理刘乐琴担任副主编。大连威胜钢铁贸易有限公司业务经理潘星、庄姝为本书的编写提供了宝贵的经验和资料，在此，一并表示深深的谢意。

由于本书编写时间比较仓促，难免存在错误和疏漏之处，敬请使用本教材的教师和学生提出宝贵的意见。

大连市经济贸易学校教材编审委员会
2014 年 4 月

目　录

项目一　走近进出口商品归类

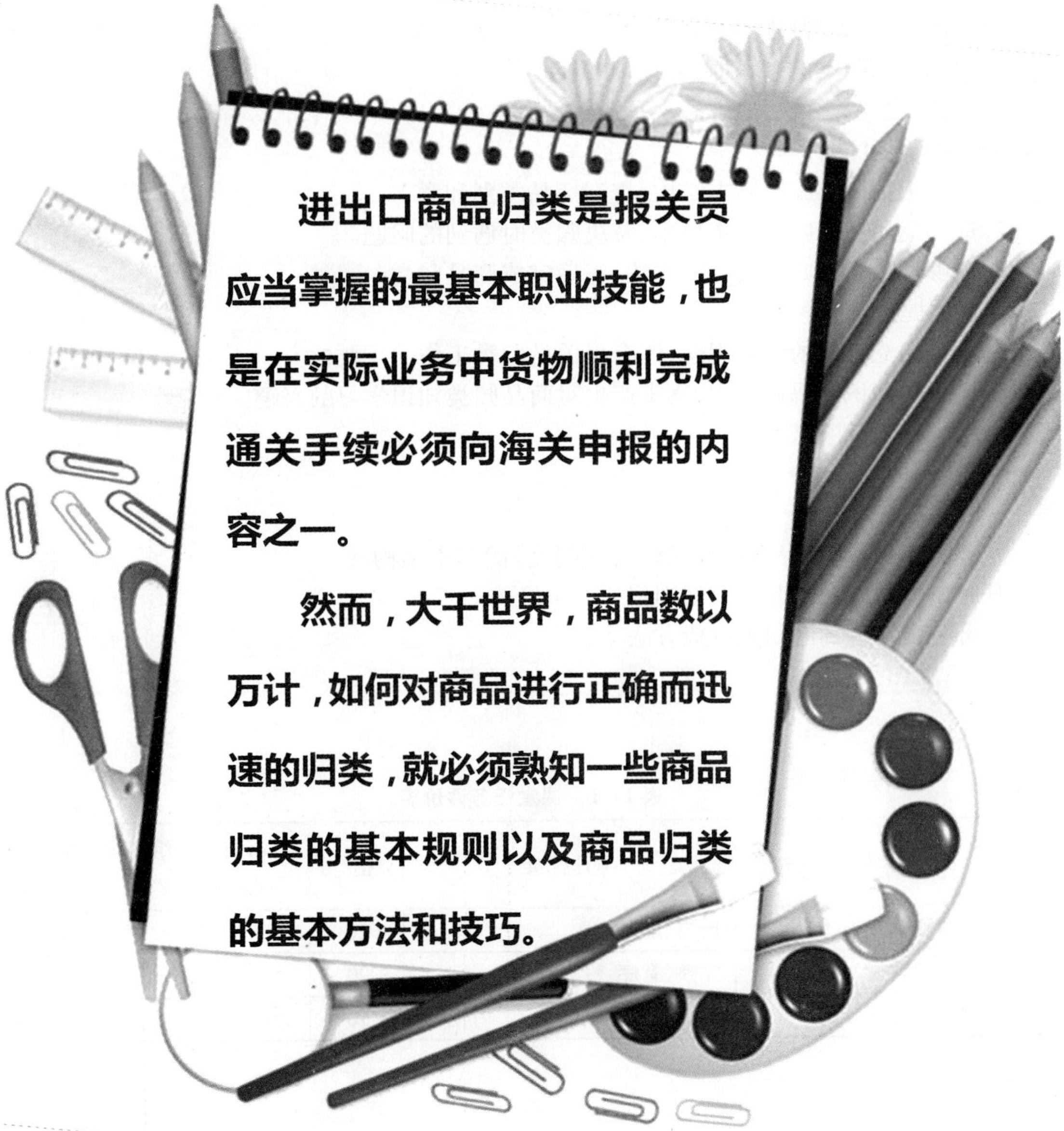

进出口商品归类是报关员应当掌握的最基本职业技能，也是在实际业务中货物顺利完成通关手续必须向海关申报的内容之一。

然而，大千世界，商品数以万计，如何对商品进行正确而迅速的归类，就必须熟知一些商品归类的基本规则以及商品归类的基本方法和技巧。

项目描述

在国际上，各国普遍采用 H. S. 编码作为商品归类的依据，万千商品都被囊括在一本书籍当中。如何在千差万别的商品中发现规律，准确而且迅速地查找到商品的编码呢？这就需要从业人员熟悉 H. S. 编码的基本结构、熟知商品归类的基本原则，并能够熟练运用商品归类的一般方法。

项目目标

➲知识学习目标

1. 熟悉归类协调制度的基本结构。
2. 熟知商品归类的基本原则。
3. 掌握商品归类的一般方法。

➲技能学习目标

1. 能够根据商品编码基本结构，查询商品类别和章。
2. 能够运用商品归类基本原则，解决归类时遇到的问题。
3. 能够按照商品归类的一般方法，正确完成商品归类。

➲素质提升目标

1. 学生树立正确的学习观念，体会报关员归类工作的重要性。
2. 学生在初识编码过程中，逐步产生对商品归类知识学习的兴趣。

任务内容

任务一　熟悉《商品名称及编码协调制度》的基本结构

任务二　熟知商品归类总规则

任务三　掌握商品归类一般方法

任务评价

表 1-1　课堂任务评价表

考评指标		考评标准	分值/分	自我评价/分	小组评议/分	实际得分/分
专业知识水平	规则运用	恰当、准确	20			
	查询步骤	完整、有序、没有遗漏	20			
	完成情况	准确、按时	10			

表 1-1(续)

考评指标		考评标准	分值/分	自我评价/分	小组评议/分	实际得分/分
通用能力培养	出勤	按时上课,准备就绪	10			
	道德自律	遵守纪律,维护荣誉	10			
	学习态度	认真努力,积极参与	15			
	团队分工合作	能融入集体,愿意接受任务并积极完成	15			
合计			100			
团队最佳						
团队互评						

任务一

熟悉《商品名称及编码协调制度》的基本结构

知识储备

商品归类是指在《商品名称及编码协调制度公约》商品分类目录体系下，以《中华人民共和国进出口税则》为基础，按照《进出口税则商品及品目注释》《中华人民共和国进出口税则本国子目注释》以及海关总署发布的关于商品归类的行政裁定、商品归类决定的要求，确定进出口货物商品编码的活动。

一、《协调制度》的产生

海关合作理事会编制《商品名称及编码协调制度》（简称 H. S.）1983 年 6 月通过，1988 年 1 月 1 日正式生效；1992、1996、2002 和 2007 年四次修订；同时编制《商品名称及编码协调制度注释》，与 H. S. 各版本同时修订，我国称为《商品及品目注释》。

二、《协调制度》的基本结构

《协调制度》将国际贸易涉及的各种商品按照生产类别、自然属性和不同功能用途等分为 21 类 97 章，每一章由若干品目构成，品目项下又细分出若干一级子目和二级子目。

具体 21 大类如下：

第一类　活动物及动物产品

第二类　植物产品

第三类　动植物油、脂及其分解产品；精制的食用油脂；动植物蜡

第四类　食品；饮料、酒及醋；烟草、烟草及烟草代用品的制品

第五类　矿产品

第六类　化学工业及其相关工业的产品

第七类　塑料及其制品；橡胶及其制品

第八类　生皮、皮革、毛皮及其制品；鞍具及挽具；旅行用品、手提包及类似容器；动物肠线（蚕胶丝除外）制品

第九类　木及木制品；木炭；软木及软木制品；稻草、秸秆、针茅或其他编结材料制品；篮筐及柳条编结品

第十类　木浆及其他纤维状纤维素浆；回收（废碎）纸或纸板；纸、纸板及其制品

第十一类　纺织原料及纺织制品

第十二类　鞋、帽、伞、杖、鞭及其零件；已加工的羽毛及其制品；人造花；人发制品

第十三类　石料、石膏、水泥、石棉、云母及类似材料的制品；陶瓷产品；玻璃及其制品

第十四类　天然或养殖珍珠、宝石或半宝石、贵金属、包贵金属及其制品；仿首饰；硬币

第十五类　贱金属及其制品

第十六类　机器、机械器具、电气设备及其零件；录音机及放声机、电视图像、声音的录制和重放设备及其零件、附件

第十七类　车辆、航空器、船舶及有关运输设备

第十八类　光学、照相、电影、计量、检验、医疗或外科用仪器及设备、精密仪器及设备；钟表；乐器；上述物品的零件、附件

第十九类　武器、弹药及其零件、附件

第二十类　杂项制品

第二十一类　艺术品、收藏品及古物

编码类别记忆口诀(摘自互联网)：

- 自然世界动植矿，一二五类在取样；
- 三类四类口中物，矿产物料翻翻五；
- 化工原料挺复杂，打开六类仔细查；
- 塑料制品放第七，橡胶聚合脂烷烯；
- 八类生皮合成革，箱包容套皮毛造；
- 九类木秸草制品，框板柳条样样行；
- 十类木浆纤维素，报刊书籍纸品做；
- 十一税则是大类，纺织原料服装堆；
- 鞋帽伞杖属十二，人发羽毛大半归；
- 水泥石料写十三，玻璃石棉云母粘；
- 商品归类实在难，记住大类第一环。
- 贵金珠宝十四见，硬币珍珠同类现；
- 十五查找贱金属，金属陶瓷工具物；
- 电子设备不含表，机器电器十六找；
- 光学仪器十八类，手表乐器别忘了；
- 武器弹药特别类，单记十九少劳累；
- 杂相制品口袋相，家具文具灯具亮；
- 玩具游戏活动房，体育器械二十讲；
- 二十一类物品贵，艺术收藏古物类；
- 余下运输工具栏，放在十七谈一谈。

《协调制度》是一部系统的国际贸易商品分类目录，所列商品的分类和编排有一定的规律。《协调制度》的基本结构见图 1－1。

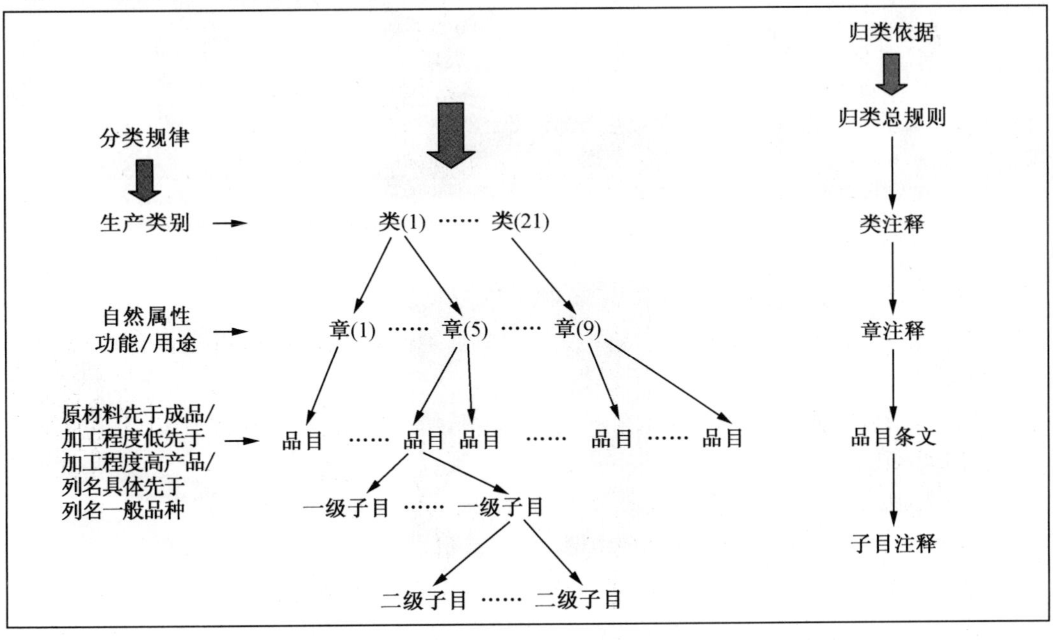

图 1－1　《协调制度》的基本结构

能力培养与训练

【训练要求】指出下列商品的类别。

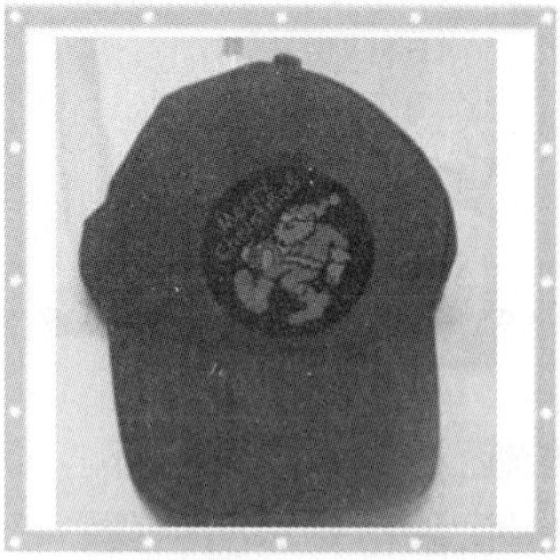

三、我国海关进出口商品分类目录的基本结构

1. 采用《协调制度》。
2. 增设本国子目，制定《本国子目注释》。
3. 编制《进出口商品税则》和《统计商品目录》。

Example：鳗鱼苗 0301 9210

编码：	0　3	0　1	9	2	1	0
位数：	1　2	3　4	5	6	7	8
含义：	章号	顺序号	一级子目	二级子目	三级子目	三级子目

9的含义：通常情况下代表未具体列名的商品，即在“9”的前面一般留有空序号以便用于修订时增添新商品。

图 1－2　我国海关进出口商品分类目录的基本结构

能力培养与训练

【训练要求】试着查找下列商品的品目条文。

1. 苹果 ______　2. 眼镜 ______　3. 黄金戒指 ______　4. 铅笔 ______

5. 化肥 ______　6. 唇彩 ______　7. 手纸 ______　8. 杂志 ______

9. 猪蹄 ______　10. 手提包 ______　11. 电子琴 ______　12. 玩具熊 ______

13. 婚纱 ______________　14. 三聚氰胺 ______________　15. 肯德基全家桶 ______________　16. 薯片 ______________

17. 旅游鞋 ______________　18. 公交车 ______________　19. 达·芬奇的名画 ______________　20. 电视机 ______________

在查找的过程中，你遇到了哪些困难？

加油哦！

任务二

熟知商品归类总规则

知识储备

商品归类总规则	条文解释
一、规则一 类、章及分章的标题，仅为查找方便而设；具有法律效力的归类，应按品目条文和有关类注或章注确定，如品目、类注或章注无其他规定，则按以下规定确定。	条文解释： 1. 类、章及分章的标题只为方便查找，不是归类的依据。 2. 归类的法律依据是品目条文和类注、章注。 3. 如果按品目条文、类注或章注还无法确定归类，则按其他规则确定品目的归类。
二、规则二 （一）品目所列货品，应视为包括该项货品的不完整品或未制成品，只要在进口或出口时该项不完整品或未制成品具有完整品或制成品的基本特征；还应视为包括该货品的完整品或制成品（或按本款可作为完整品或制成品归类的货品）在进口或出口时的未组装件或拆散件。 （二）品目中所列材料或物质，应视为包括该种材料或物质与其他材料或物质混合或组合的物品。品目所列材料或物质构成的货品，应视为包括全部或部分由该种材料或物质构成的货品。由一种以上材料或物质构成的货品，应按规则三归类。	条文解释： 1. 规则二的扩大作用 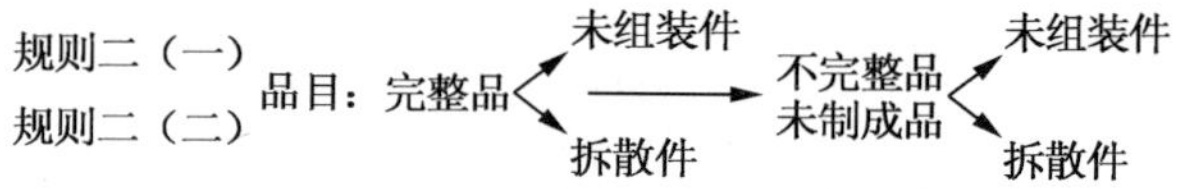 2. 适用规则二应注意的地方： （1）鉴于第一类至第六类各品目的商品范围，规则二中（一）的规定一般不适用于这六类所包括的货品。 （2）规则二中（二）所适用的是列出某种材料或物质的品目。但不包括由于添加了另外一种材料或物质，使货品丧失了原品目所列货品特征的情况。 （3）只有在规则一无法解决时，方能运用规则二。
三、规则三 当货品按规则二中（二）或由于其他原因看起来可归入两个或两个以上品目时，应按以下规则归类： （一）列名比较具体的品目，优先于列名一般的品目。但是如果两	条文解释： 1. 对于根据规则二中（二）或其他原因看起来可归入两个或两个以上品目的货品，本规则规定了三条归类办法。 它们优先权的次序为：（1）具体列名；（2）基本特征；（3）从后归类。

个或两个以上品目都仅述及混合或组合货品所含的某部分材料或物质，或零售的成套货品中的某些货品，即使其中某个品目对该货品描述得更为全面、详细，这些货品在有关品目的列名应视为同样具体。 （二）混合物，不同材料构成或不同部件组成的组合物以及零售的成套货品，如果不能按照规则三中（一）归类时，在本款可适用的条件下，应按构成货品基本特征的材料或部件归类。 （三）货品不能按照规则三中（一）或（二）归类时，应按号列顺序归入其可归入的最末一个品目。 	只有在品目条文和类、章注释无其他规定的条件下，才能运用本规则。 2. 关于“具体列名”，一般来说： （1）列出品名比列出类名更为具体。 （2）如果某一品目所列名称更为明确地述及某一货品，则该品目要比所列名称不那么明确述及该货品的其他品目更为具体。 如果两个或两个以上品目都仅述及混合或组合货品所含的某部分材料或物质，或零售成套货品的某些货品，即使其中某个品目比其他品目对该货品描述的更为全面、详细，这些货品在有关品目的列名应视为同样具体。此时，按“基本特征”或“从后归类”的规定进行归类。 3. 关于“基本特征”，适用于不能按“具体列名”归类的混合物、组合物以及零售的成套货品的归类。应按构成货品基本特征的材料或部件归类。其中“零售的成套货品”，必须同时符合以下三个条件： （1）由至少两种看起来可归入不同品目的不同物种构成的。 （2）为了迎合某项需求或开展某项专门活动而将几件产品或物品包装在一起的。 （3）其包装形式适于直接销售给用户而货物无需重新包装的。 4. 货物不能按（一）和（二）归类时，应按号列顺序归入其可归入的最后一个品目。
四、规则四 根据上述规则无法归类的商品，应归入与其最相类似的货品的品目。	条文解释： 当今科技的发展十分迅速，新产品也是层出不穷，任何商品目录都会因为形势的发展出现不适应的情况。因此，在出现按照规则无法归类的商品时，只能用最相似的货品来替代。 本规则在实际中一般很少使用。
五、规则五 除上述规则外，本规则适用于下列货品的归类： （一）制成特殊形状仅适用于盛装某个或某套物品并适合长期使用的照相机套、乐器盒、枪套、绘图仪器盒、项链盒及类似容器，如果与所装	条文解释： 1. 规则五中（一）仅适用同时符合以下各条规定的容器。 （1）制成特定形状或形式，专门盛装某套物品的，即专门按所要盛装的物品进行设计的，有些容器还制成所装物品的特殊形状。 （2）适合长期使用的，即容器的使用期限与所

物品同时进口或出口，并通常与所装物品一同出售的，应与所装物品一并归类。但本款不适用于本身构成整个货品基本特征的容器。

（二）除规则五中（一）规定的以外，与所装货品同时进口或出口的包装材料或包装容器，如果通常是用来包装这类货品的，应与所装货品一并归类。但明显可重复使用的包装材料和包装容器可不受本款限制。

盛装的物品相比是相称的，在物品不使用期间，这些容器还起保护物品的作用。

（3）与所装物品一同报验的（单独报验的容器应归入其所应归入的品目）。

（4）通常与所装物品一同出售的。

（5）本身并不构成整个货品基本特征的。

但本款不适用于本身构成整个货品基本特征的容器。

2. 规则五中（二）仅适用于同时符合以下各条规定的包装材料及包装容器：

（1）规则五中（一）以外的。

（2）通常用于包装有关货品的。

（3）与所装物品一同报检的。

（4）不明显可以重复使用的。

但如果明显可重复使用的包装材料和包装容器，则本款规定不适用。

六、规则六

货品在某一品目项下各子目的法定归类，应按子目条文或有关的子目注释以及以上各条规则来确定，但子目的比较只能在同一数级上进行。除本商品目录条文另有规定的以外，有关的类注、章注也适用于本规则。

熟记归类规则

查询更加准确

条文解释：

本条文是关于子目如何确定的一条原则：

（1）子目归类首先应按子目条文和子目注释确定。

（2）如果按子目条文和子目注释无法确定归类，则上述各规则的原则同样适用于子目的确定。

（3）除条文另有规定外，有关的类注、章注也适用于子目的确定。

注意：

（1）确定子目时，一定要按先确定一级子目，再二级子目，然后三级子目，最后四级子目的顺序进行。

（2）确定子目时，应遵循“同级比较”的原则，即一级子目与一级子目比较，二级子目与二级子目比较，以此类推。

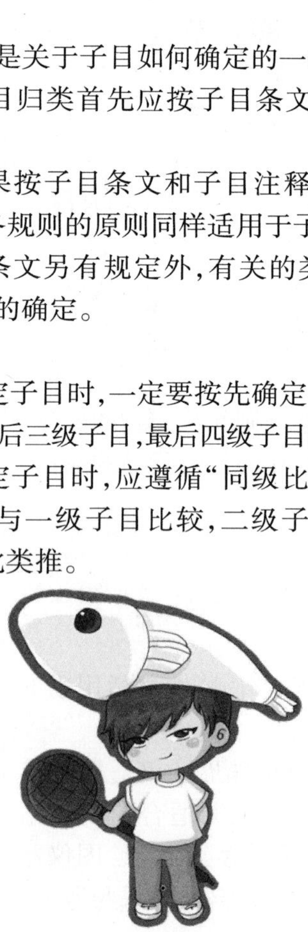

能力培养与训练

实训活动:熟悉商品归类总规则。

1. 中华绒螯蟹种苗。

2. 煤气罐(装有液化煤气)。

3. 装有电视机的瓦楞纸箱。

4. 装有茶叶的银质茶叶罐。

5. 与电动剃须刀一同报验的电动剃须刀皮套。

6. 橡胶底的旅游鞋,鞋面一半是皮革,一半是纺织材料。

7. 等量的大麦与燕麦的混合物。

8. 成套的理发工具,由一个电动理发推子、一把梳子、一把剪子、一把刷子及一条毛巾装于一个皮匣子组成,属于零售的成套货品。

9. 小汽车的簇绒地毯。

10. 电动剃须刀。

任务三

掌握商品归类的一般方法

知识储备

一、学好商品归类，要做到以下几点：

1. 多实践，少理论。

即多通过查询练习提高归类水平，而不要把侧重点放在对归类方法等理论知识的记忆背诵上。做练习的过程就是一个明晰体系、熟悉一般、记忆特例的过程，是一个积累的过程，只有通过大量实训练习，把这些零散的记忆积累起来，才能在大脑中形成框架体系，并在这个体系之下把那些易归类错误的特例记下来。只有这样，编码才能查得又快又准。

2. 熟体系、熟结构。

熟读 H. S. 编码书的目录，掌握 21 类商品的基本分类，对 97 章商品的章名能有模糊的印象，这样就能迅速定位所给商品的类别和章节。

3. 懂规则、用规则。

深刻领会商品编码的六条归类总规则。尤其是归类总规则（三）所讲的"具体列名、基本特征、从后归类"三条原则，在编码查询中经常被运用。

4. 抓重点、记特例

在实训练习过程中，以中国贸易进出口大项商品为主要练习对象之一，为进入企业工作奠定良好基础。同时把各个类、章中作为特例处理的商品重点加以记忆，避免在企业工作中出现不必要的差错，影响通过效率。

二、商品归类的一般方法

步骤一：确定品目（四位数）

1. 分析商品特性。
2. 根据商品特性和编码分类归类，初步判断商品的位置。
3. 查找涉及的相关商品的品目。
4. 查看所查到的商品品目所在章、类的注释，确定是否有特殊规定。
5. 若仍在几个品目间徘徊无法确定，运用规则二、三（主要规则三）。

通过以上几个步骤，一般可以确定该商品的品目归类。

步骤二：确定子目（八位数）

1. 查一级子目条文，查子目条文。
2. 查二级子目条文。
3. 查三级子目条文。
4. 确定子目。

Work Hard !

能力培养与训练

实训活动:熟悉商品归类总规则。

1. 猴枣。
2. 福尔马林。
3. 冻牛舌。
4. 铁制晒衣架。
5. 格力分体 2 匹空调。
6. 流动马戏团的马。
7. 如图所示的明星写真集。

8. 皮制的手提包。
9. 如图所示的 SAMSUNG 平板电脑,型号为 GT－N8000。

10. 家用微波炉。

Note

项目二　各类进出口商品的归类 2

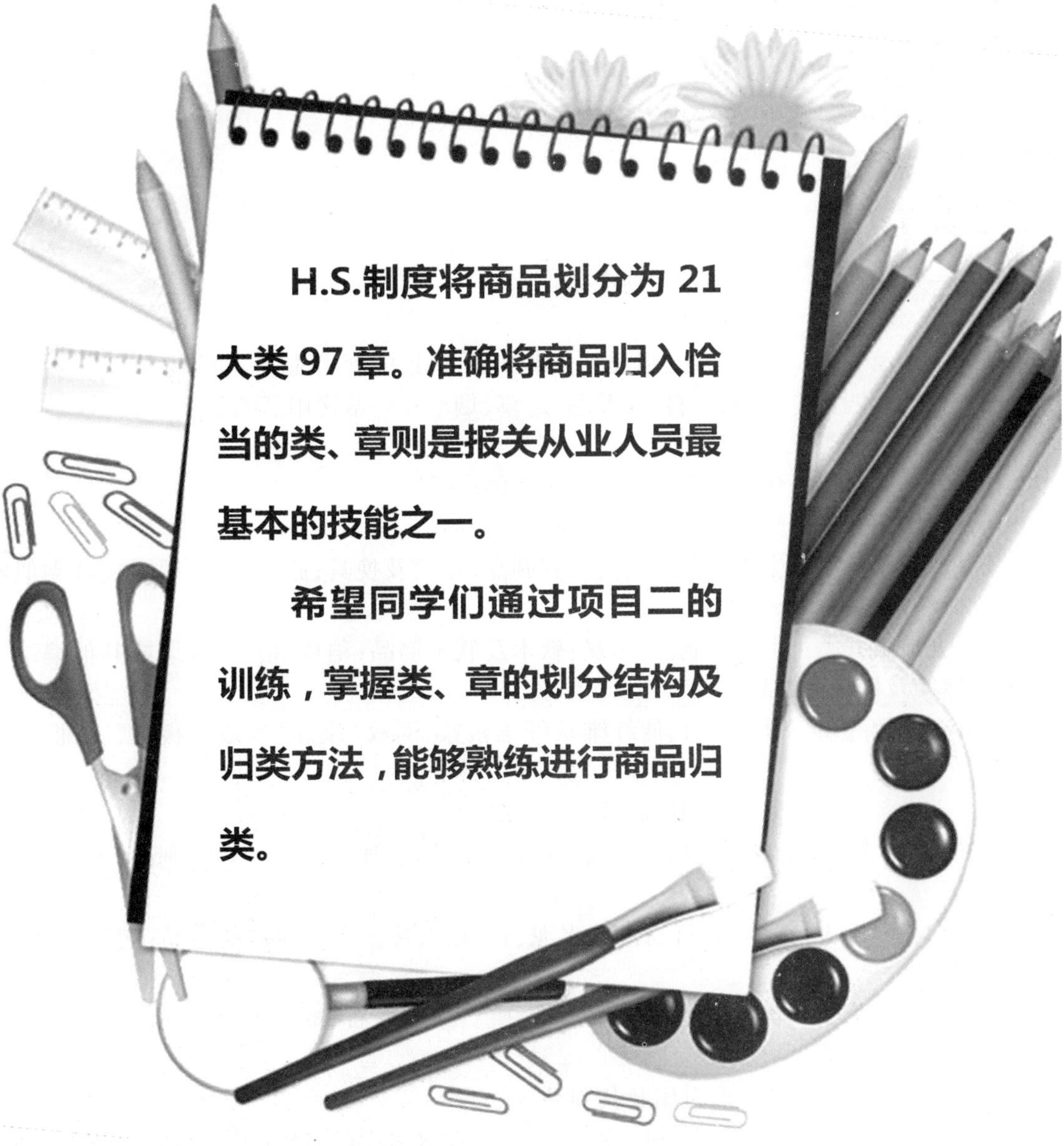

H.S.制度将商品划分为21大类97章。准确将商品归入恰当的类、章则是报关从业人员最基本的技能之一。

希望同学们通过项目二的训练，掌握类、章的划分结构及归类方法，能够熟练进行商品归类。

项目描述

按照 H. S. 结构特点，根据商品类别共设置 21 个查询任务，实现熟悉编码结构和熟练运用归类规则的目标。

项目目标

➲技能学习目标

1. 能够熟练掌握各类商品的基本结构以及归类方法。
2. 能够能够运用商品归类规则，查询商品编码。

➲素质提升目标

1. 在编码归类时，学生体会报关员严谨的工作态度。
2. 在编码归类过程中，学生增强团队合作的意识。

任务内容

任务一　第一类　活动物及动物产品

任务二　第二类　植物产品

任务三　第三类　动植物油、脂及其分解产品；精致的食用油脂；动植物蜡

任务四　第四类　食品；饮料、酒及醋；烟草、烟草及烟草代用品的制品

任务五　第五类　矿产品

任务六　第六类　化学工业及其相关工业的产品

任务七　第七类　塑料及其制品；橡胶及其制品

任务八　第八类　生皮、皮革、毛皮及其制品；鞍具及挽具；旅行用品、手提包及类似容器；动物肠线（蚕胶丝除外）制品

任务九　第九类　木及木制品；木炭；软木及软木制品；稻草、秸秆、针茅或其他编结材料制品；篮筐及柳条编结品

任务十　第十类　木浆及其他纤维状纤维素浆；回收（废碎）纸或纸板；纸、纸板及其制品

任务十一　第十一类　纺织原料及纺织制品

任务十二　第十二类　鞋、帽、伞、杖、鞭及其零件；已加工的羽毛及其制品；人造花；人发制品

任务十三　第十三类　石料、石膏、水泥、石棉、云母及类似材料的制品；陶瓷产品；玻璃及其制品

任务十四　第十四类　天然或养殖珍珠、宝石或半宝石、贵金属、包贵金属及其制品；仿首饰；硬币

任务十五　第十五类　贱金属及其制品

任务十六　第十六类　机器、机械器具、电气设备及其零件；录音机及放声机、电视图像、声音的录制和重放设备及其零件、附件

任务十七　第十七类　车辆、航空器、船舶及有关运输设备

任务十八　第十八类　光学、照相、电影、计量、检验、医疗或外科用仪器及设备、精密仪器及设备；钟表；乐器；上述物品的零件、附件

任务十九　第十九类　武器、弹药及其零件、附件

任务二十　第二十类　杂项制品

任务二十一　第二十一类　艺术品、收藏品及古物

任务评价

表 2－1　课堂任务评价表

考评指标		考评标准	分值/分	自我评价/分	小组评议/分	实际得分/分
专业知识水平	编码查询	准确	30			
	完成速度	按时	20			
通用能力培养	出勤	按时上课，准备就绪	10			
	道德自律	遵守纪律，维护荣誉	10			
	学习态度	认真努力，积极参与	15			
	团队分工合作	能融入集体，愿意接受任务并积极完成	15			
合计			100			
团队最佳						
团队互评						

任务一

第一类 活动物及动物产品

任务描述

1. 熟悉第一类的基本结构和归类方法。
2. 能够查询第一类商品的编码。

任务准备

熟悉第一类的基本结构。

- 本类共 5 章,除极少数特例外,包括了所有种类的活动物以及经过有限简单加工的动物产品。
- 本类的商品大致可分为 3 部分:活动物主要集中在第 1,3 章;可食用的动物产品集中在第 2,3,4 章;第 5 章主要是不可食用的动物产品。

基础训练

Basic Practice:查询商品编码,学会归类技巧和方法。

技巧/方法 Skill/Function	能力训练 Practice
不归入本类的商品 1. 通常作为某些行业原材料使用的动物产品。 2. 巡回展出用的活动物。 3. 作为培养微生物使用的活生物。 4. 不适合供人食用的鱼、甲壳动物、软体动物和其他水生无脊椎动物的粉、粒。 5. 超过了本类的加工程度以及允许加入的物质范围的食用动物产品。	1. 晒干的鳄鱼皮 2. 羊毛,经粗梳,用于纺织工业 3. 未缝制的整张水貂皮 4. 流动马戏团里的猴子 5. 培养的细菌,医学研究用 6. 饲料用鱼粉 7. 已炼制的猪油 8. 北京烤鸭
活动物的归类 1. 所有活的或死的(适合食用)鱼、甲壳动物(如虾、蟹)、软体动物(如扇贝、贻贝、牡蛎、章鱼、鱿鱼、墨鱼、蜗牛、螺)和其他水生无脊椎动物(如海胆、海蜇、海参)归入第 3 章。 2. 其他的活动物(如猪、蜜蜂等)归入第 1 章。 3. 但水生哺乳动物:鲸、海豚、海豹、海狮、海象等以及龟、甲鱼、水蛙、蛙等不作为鱼类动物归入第 3 章,而应归入第 1 章。 4. 在运输途中死亡的动物不归入第 1 章,而应按其鲜度是否适合供人食用分别归入第 2 章或第 5 章。 参见:第 1 章章注一。	9. 活的眼镜蛇 10. 俗称"美人鱼"的海洋生物 11. 供观赏的小丑鱼 12. 蜜蜂 13. 在沙漠供游客乘坐的骆驼 14. 活的澳洲鲍鱼 15. 活的澳洲大龙虾 16. 盐腌的阳澄湖大闸蟹 17. 蒸煮过的虾仁儿 18. 晒干的偏口鱼(学名:比目鱼) 19. 运输途中死亡的猪(无法食用) 20. 新鲜的猪肉五花肉(500 克)

<table>
<tr><td>肉及食用杂碎的归类
1. 本章主要包括(可以供人食用)的第 1 章所列动物的肉及食用杂碎，所谓“杂碎”是指动物的头、脚、尾和心等。
2. 本章还包括未炼制的肥猪肉、猪脂肪及家禽脂肪。这些脂肪不论是否供人食用均归入本章。
3. 动物的膀胱、肠、胃或动物血，无论是否供人食用，均归入第 5 章。</td><td rowspan="2">21. 用于制作血肠的新鲜猪血
22. 冷藏的牛百叶
23. 整只出口的冷冻鸡
24. 冷藏的鹅肝
25. 未炼制的猪脂肪
26. 冷藏的鸡爪子
27. 咸猪肉(里脊肉)
28. 天然蜂蜜
29. 人造蜂蜜
30. 含天然蜂蜜 60%，人造蜂蜜 40% 的混合物</td></tr>
<tr><td>混合物归类:蜂蜜的归类。
1. 天然蜂蜜按照动物产品归入第 4 章。
2. 人造蜂蜜按照糖食进行归类。
3. 人造蜂蜜和天然蜂蜜进行混合，无论比例如何，均按照人造蜜进行归类。</td></tr>
</table>

提高训练

Better Performance:运用归类技巧和方法，查询商品编码。

1. 宠物狗
2. 牛黄
3. 用于制作牙刷的成束的猪鬃
4. 犀牛角
5. 经过洗涤、消毒的羽绒，用于制作羽绒服
6. 蒙牛酸酸乳，草莓口味
7. 家养的山羊
8. 青蛙
9. 用于制作假发的人发，未经加工
10. 冷冻的猪肝
11. 冷冻的鳕鱼肉
12. 咸鸭蛋
13. 鲟鱼子酱
14. 供人食用的鱼粉
15. 印度酥油
16. 猪骨粉
17. 新鲜的扇贝
18. 整只冻鸡
19. 猪大肠
20. 冷冻的扇贝肉

(试题部分选自海关教材配套辅导丛书及考试网)

知识链接

儒艮(Dugong)

与海牛皆为草食性动物,但栖息地不尽相同,它们是海牛目中唯一仍生存于印度洋与太平洋地区的物种。和海牛不同,儒艮的尾鳍近似于海豚的 Y 型尾,突出嘴外的长牙则近似其远亲大象。某些地区称它们为“海牛”(sea cow)、“海猪”(sea pig)或“海骆驼”(sea camel)。在童话故事里,它被人们称为“美人鱼”。

和童话中的“美人鱼”比起来,是不是有点穿越感呢?

鸸鹋(ér miáo)

鸸鹋(学名 Dromaius novaehollandia)是鸟纲鸸鹋科唯一物种,以擅长奔跑而著名,是澳洲的特产,是世界上第二大的鸟类,仅次于非洲鸵鸟,因此也被称作澳洲鸵鸟,翅膀比非洲鸵鸟和美洲鸵鸟的更加退化,足三趾,是世界上最古老的鸟种之一。

肠衣

家畜的大、小肠经刮制而成的坚韧半透明薄膜。按畜别分为猪肠衣、羊肠衣和牛肠衣 3 类,并可分为小肠衣和大肠衣。主要用作填充香肠和灌肠的外衣;羊肠衣还可制成肠线,供制作网球拍线、弓弦、乐器弦线和外科缝合线等用。

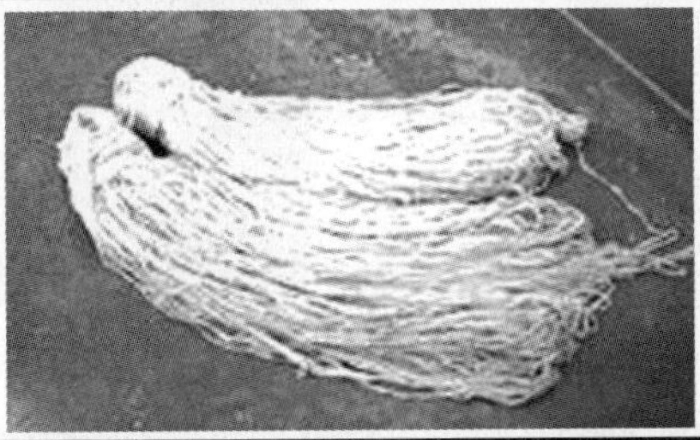

哦,原来网球拍上面不是塑料呀!

骡子

是一种动物,有雌雄之分,但是只有极弱的生育能力,它是马和驴交配产下的后代,分为驴骡和马骡。公驴可以和母马交配,生下的叫“马骡”,如果是公马和母驴交配,生下的叫“驴骡”。

麝香(Musk)

麝香为鹿科动物麝的雄性香腺囊中的分泌物干燥而成,是一种高级香料,和龙涎香、灵猫香、海狸香合称世界“四大奇香”。它们均是很好的定香剂,广泛应用在香水或高级化妆品中。

龙涎香(Ambergris)

在西方又称灰琥珀,是一种外貌阴灰或黑色的固态蜡状可燃物质,鲸消化系统的肠梗阻所产生。中国古代宫中的炼丹术士认为这是海里的“龙”在睡觉时流出的口水,滴到海水中而成,故名“龙涎香”。

(英 8 岁男孩在海边玩耍时捡到价值 40 万元的龙涎香)

课外拓展

查阅资料，介绍“斑蝥”。

Note

任务二

第二类　植物产品

任务描述

1. 熟悉第二类的基本结构和归类方法。
2. 能够查询第二类商品的编码。

任务准备

熟悉第二类的基本结构。

- 本类共 9 章，包括各种活植物及经过有限的简单加工的植物产品。其中：

  第 6 章，活树及其他或植物，鳞茎、根及类似品，插花及装饰用簇叶等。

  第 7 章，食用蔬菜、根及块茎。

  第 8 章，食用水果及坚果，甜瓜或柑橘属水果的果皮。

  第 9 章，咖啡、茶、马黛茶及调味香料。

  第 10 章，谷物。

  第 11 章，制粉工业产品、麦芽、淀粉、菊粉、面筋。

  第 12 章，含油子仁及果实，杂项子仁及果实，工业用或药用植物，稻草、秸秆及饲料。

  第 13 章，虫胶、树胶、树脂及其他植物液、汁。

  第 14 章，编结用植物材料，其他植物产品。

基础训练

Basic Practice：查询商品编码，学会归类技巧和方法。

技巧/方法 Skill/Function	能力训练 Practice
活植物的归类 1. 活植物归入第 6 章，但专用于蔬菜的鳞茎、块茎、根茎等植物，应归入第 7 章。 2. 品目 0603、0604 所列货品制成的花束、花篮、花圈及类似品，不论是否有其他材料制成的附件，仍归入这两个品目。 参见：第 6 章章注一、章注二。	1. 新鲜的马铃薯 2. 冷藏的洋葱 3. 用来生吃的大葱 4. 用盐水暂时保藏的大蒜 5. 玫瑰花束，用包装纸和丝带捆扎装饰 6. 观赏用的兰花 
食用蔬菜的归类 1. 食用蔬菜归入第 7 章。这些蔬菜可以是鲜的、干的、冷藏的、冷冻的、或经临时保藏处理的，也可以加工成各种形状。除冷冻前蒸煮的蔬菜外，经进一步加工的则应归入第 20 章。	

2. 第7章还包括可食用的含有高淀粉或菊粉的植物块茎及块根和球茎,例如甘薯、木薯、荸荠等(冷冻前蒸煮的不归入本章)。

干蔬菜的归类

1. 干蔬菜通常归入品目0712,但不包括:
(1)作蔬菜用的脱荚干豆(品目0713);
(2)品目1102至1104所列形状的甜玉米;
(3)马铃薯细粉、粗粉、粉末、粉片、颗粒(1105);
(4)用品目0713的干豆制成的细粉、粗粉及粉末(品目1106)。
2. 第7章不包括辣椒干及辣椒粉(品目0904)。

参见:第7章章注三、章注四。

混合调味品的归类

品目09.04至09. 10所列调味香料的混合物,应根据第9章章注一的规定进行归类:

(一)未添加其他物质,仅混合。
1. 同一品目的两种或两种以上产品的混合物仍归入该品目。
即:按①基本特征(即百分比大的);
②从后归类(当百分比相同时)。
2. 不同品目的两种或两种以上产品的混合物应归入0910.9100。

(二)如添加了其他物质。
1. 混合物保持了原产品的基本特征,其归类不受影响。
2. 基本特征改变的,构成混合调味品,归入2103。

种植用种子的归类

1. 种用的甜菜子、草子及其他草本植物种子、观赏用花的种子、蔬菜种子、林木种子、果树种子、巢菜子(蚕豆除外)、羽扇豆属植物种子等应视为种植用种子,归入品目12.09。
2. 品目12.09所述种植用种子不是以是否种用为唯一标准,对确为种用的植物种子当其在本章其他品目或本编码其他品目列名更为具体时,一般不归入本品目,而与非种用的同名产品归入同一章。

参见:第12章章注三。

7. 冷冻的甜玉米
8. 鲜辣椒
9. 用盐水保藏的松茸
10. 新鲜的红薯

11. 脱荚的绿豆
12. 玉米磨的细粉
13. 玉米茬子
14. 马铃薯细粉
15. 绿豆粉
16. 辣椒干

17. 胡椒粉,50克瓶装
18. 八角茴香50克,小茴香子80克的混合物
19. 由未磨胡椒60%、辣椒粉40%的调味香料组成的混合物
20. 由肉豆蔻60%、辣椒粉40%的调味香料组成的混合物
21. 10%未磨胡椒、10%辣椒粉、20%肉豆蔻、60%玉米粉的混合物

22. 种用大豆
23. 种用芝麻
24. 种用豌豆
25. 种用油橄榄
26. 种用的夏威夷果
27. 种用辣椒
28. 种用的谷子

提高训练

Better Performance：运用归类技巧和方法，查询商品编码。

1. 种用花生
2. 超市中出售的榴莲，装于盒内用保鲜膜包覆
3. 榛子 30 克、龙眼干 20 克、核桃 20 克的混合食品
4. 地瓜粉
5. 甜玉米，种用
6. 专用做饲料的胡萝卜
7. 琼脂
8. 超市里出售的已预煮熟的甜玉米，40 克/罐
9. 棉短绒
10. 马铃薯淀粉
11. 食用大米，去壳但未去米皮
12. 大红袍，每袋 50 克
13. 冷藏的葡萄
14. 干的大红枣
15. 香菇粉
16. 稻壳
17. 制成花束的百合花
18. 橘子粉，用于制作橙汁的原料
19. 海藻灰
20. 种植的松树，用于圣诞节出售

（试题部分选自海关教材配套辅导丛书及考试网）

知识链接

稻谷、大米（1006）

"稻谷"是指未脱壳的大米。

"籼米"是水稻的一种，米粒细而长。

"糙米"是指经机械脱壳，但仍包有一层米皮的大米，糙米几乎总有少量的稻谷混杂在内。

"半精米"是指部分去皮的大米。

"全精米（白米）"是指通过特殊的锥形滚筒已全部去皮的大米。

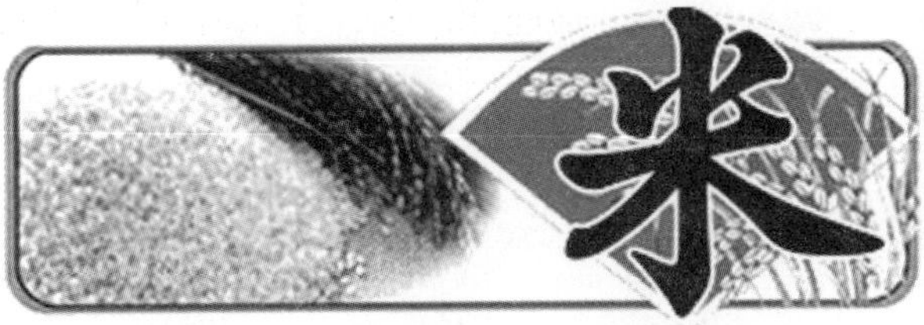

啤酒花

《本草纲目》上称为蛇麻花，是一种多年生草本蔓性植物，古人取为药材。1079 年，德国人首先在酿制啤酒时添加了酒花，从而使啤酒具有了清爽的苦味和芬芳的香味。从此，酒花被誉为“啤酒的灵魂”，成为啤酒酿造不可缺少的原料之一。使啤酒具有独特的苦味和香气并有防腐和澄清麦芽汁的能力。

Note

任务三

第三类　动植物油、脂及其分解产品；精制的食用油脂；动植物蜡

任务描述

1. 熟悉第三类商品的基本结构和归类方法。
2. 能够查询第三类商品的编码。

任务准备

> 熟悉第三类商品的基本结构。
>
> - 第三类商品仅由 1 章构成,即第 15 章。商品范围包括:以第一、二类的动物和植物为原料加工得到的动物、植物油脂;油脂的分解产品;混合食用油脂;动物、植物蜡;处理油脂或蜡所剩的残渣。

基础训练

Basic Practice:查询商品编码,学会归类技巧和方法。

<table>
<tr><th>技巧/方法 Skill/Function</th><th>能力训练 Practice</th></tr>
<tr><td>动植物油脂加工产品的归类
本章主要是根据油脂的不同加工方式和加工程度来判断归类。
1. 油脂(初榨、精制)
动物油脂 1501 – 1506;
植物油脂 1507 – 1515。
2. 油脂(化学改性)1516、1518。
3. 混合食用油 1517。
4. 混合非食用油 1518。
5. 动植物蜡 1521。
6. 残渣 1522。</td><td rowspan="3">1. 初榨的豆油
2. 精制的豆油
3. 氢化的豆油
4. 氧化的豆油
5. 豆油与其他植物油混合
6. 羊毛脂残渣
7. 已炼制的猪油
8. 牛骨髓油(未经化学改性)
9. 非液态人造黄油
10. 蜂蜡
11. 粗甘油(纯度 < 95%)
12. 丙三醇
13. 含甘油成分的保湿霜
14. 用于治疗便秘的开塞露,主要成分甘油(52.8% – 58.3%)
15. 未炼制的猪脂肪
16. 从乳中提取的黄油
17. 动物油渣
18. 可可油
19. 豆渣饼</td></tr>
<tr><td>动植物油脂分解产品的归类
动、植物油、脂分解产品中的粗甘油归入本类 1520,而脂肪酸、脂肪醇等以及经过提纯的精制甘油按化工品归入第六类。
制成药品或加有药料归入 3003 或 3004。</td></tr>
<tr><td>易误归入第 15 章的货品
参见:第 15 章章注一。</td></tr>
</table>

提高训练

Better Performance:运用归类技巧和方法,查询商品编码。

1. 初榨花生油(未经化学改性)
2. 羊毛脂
3. 油脚
4. 由氢化棕榈油 25%、氧化花生油 30% 和初榨豆油 45% 组成的混合食品油
5. 膏状人造黄油
6. 由多种食用植物油调制而成的王牌超级烹调油

(试题部分选自海关教材配套辅导丛书及考试网)

Note

任务四

第四类　食品；饮料、酒及醋；烟草、烟草及烟草代用品的制品

任务描述

1. 熟悉第四类商品的基本结构和归类方法。
2. 能够查询第四类商品的编码。

任务准备

熟悉第四类商品的基本结构。

- 本类共 9 章,包括加工程度超过第一、二类允许的范围、通常供人食用的动植物产品,本类还包括动植物原料制饲料、烟草及烟草代用品的制品。
- 按商品的原料属性和用途可将本类货品大致分为 5 组产品,分述如下:

1. 主要以动物产品为原料的食品(第 16 章)。
2. 主要以植物产品为原料的食品(第 17 – 20 章)。
3. 杂项食品(第 21 章)。
4. 饮料、酒及醋(第 22 章)。
5. 食品工业残渣及配制的动物饲料(第 23 章)。
6. 烟草及其制品(第 24 章)。

基础训练

Basic Practice:查询商品编码,学会归类技巧和方法。

技巧/方法 Skill/Function	能力训练 Practice
混合食品的归类 1. 看是否属于均化食品(≤250 克),如果属于则优先归入均化食品。 2. 如不属于均化食品,则按“荤、素”将混合食品中原料分类。 ①如果荤类 > 20%,按比重最大的荤类食材归入 16 章。 ②如果荤类≤20%,按素类食材归类。 但包馅食品和调味品除外。 参见:第 16 章章注二。 	1. 由鱼肉 30%、猪肉 30%、牛肉 40% 组成的婴儿食用的食品,制成细腻糊状,零售包装(260 克/袋) 2. 以鱼 45% 和蔬菜 50% 为基本配料制成的细腻糊状食品,专供婴儿食用,200 克装 3. 密封塑料袋婴儿均化食品,成分含量:30% 牛肉(可见小肉块)、65% 胡萝卜、5% 其他配料,净重 500 克 4. 一种用微波炉加热的方便快餐食品,净含量 250 克、其中面条 150 克、鸡腿块 50 克、卷心菜 30 克、鱿鱼丝 20 克,食品已预先烧制过,装于一次性塑料泡沫盒内 5. 用猪肉精细均化供婴儿食用的食品,200g/袋

均化食品的归类

1. 本类所提到的“均化食品”，包括均化肉、均化菜、均化水果和混合均化食品四种情况。
2. “均化”是指用肉、食用杂碎或动物血、蔬菜、果实单独或混合经精细均化制成供婴幼儿食用或营养用的零售包装食品（每件净重不超过250克）。为了调味、保藏或其他目的，均化食品中可以加入少量其他配料，还可以含有少量可见的肉粒、食用杂碎粒、蔬菜粒或果实粒。

参见：第16章子目注释一、第20章子目注释一、二、第21章章注三。

糖的归类

1. 糖、糖浆、人造蜜、焦糖、提取或精炼糖所剩下的糖蜜以及不含可可的糖食归入第17章。
2. 化学纯的蔗糖、乳糖、麦芽糖、葡萄糖、果糖归入第17章。
3. 其他化学纯糖归入29章。

参见：17章章注一、章注二。

可可食品的归类

易误归入第18章的货品。

参见：第15章章注一。

蔬菜、水果、坚果或植物其他部分的归类

1. 用醋或醋酸制作或保藏的蔬菜、水果、坚果及其他植物食用部分 ………………… 2001
2. 用糖渍的蔬菜、水果、坚果及其他植物食用部分 ………………………………… 2006
3. 用其他方法制作或保藏的

(1)蔬菜 ………………………… 2002－2005

6. 用胡萝卜、菠菜、马铃薯精细混合均化的供婴儿食用的食品，250克/袋
7. 用苹果精细均化的供婴儿食用的食品，100个/罐
8. 猪肉60%、青菜40%制成的均化食品，200个/罐

9. 大白兔奶糖
10. 人造蜂蜜
11. 化学纯葡萄糖
12. 白巧克力，150克/块
13. “益达”口香糖
14. 块状夹心巧克力

15. 巧克力奶，200毫升/袋
16. 巧克力口味的土司
17. 加可可的饮料
18. 用于治疗小儿腹泻的乳酸菌素片，主料为乳酸菌素0.4克/片，辅料含可可粉等成分
19. 含可可脂的白巧克力
20. 新鲜的番茄
21. 番茄酱罐头，200克/罐
22. 番茄汁
23. 番茄沙司，400克/瓶
24. 糖炒栗子
25. 芝麻酱罐头，500克/瓶
26. 酱八宝，由苴莲、白萝卜、笋尖、黄瓜、莲藕、大青椒、荸荠、花生仁等腌制而成，制成400克零售包装

(2)水果、坚果及其他植物食用部分 … 2008

咖啡、茶、马黛茶的归类

1.“咖啡、茶、马黛茶”以及“加香料的茶”归入第 9 章。

2. 咖啡、茶、马黛茶的浓缩精汁及以其为基本成分或以咖啡、茶、马黛茶为基本成分的制品归入第 21 章。

饮料及酒的归类

第 22 章结构如下：

1. 水。

2. 其他无酒精饮料及冰。

3. 经发酵的酒精饮料(啤酒、葡萄酒、苹果酒等)。

4. 经蒸馏制得的酒和酒精饮料(利口酒、烈性酒等)、乙醇、醋及其代用品。

27. 绿茶,500 克/包

28. 哥伦比亚咖啡豆

29. 雀巢速溶咖啡,一次用量包装

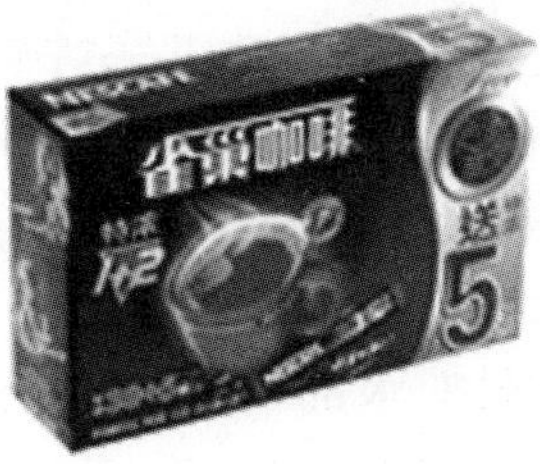

30. 海水

31. 蒸馏水(即使供食用)

32. 按重量计浓度超过 10% 的醋酸

33. 农夫山泉

34. 张裕 X. O 白兰地酒

提高训练

Better Performance:运用归类技巧和方法,查询商品编码。

1. 巧克力口味的冰淇淋
2. 猪肉松罐头
3. 用水煮过后用盐腌制的带壳梭子蟹
4. 煮熟的猪肝罐头
5. 酒心巧克力(质量 50 克/块)
6. 化学纯乳糖(乳糖含量 98%)
7. 化学纯山梨糖
8. 盒装白巧克力
9. 蛋形巧克力(内装小玩具)
10. 已烘烤的比萨饼(表面放有奶酪、西红柿、油、肉、洋葱等各种配料)
11. 用淀粉浆制糯米纸

12. 由添加食盐、味精等调味物质的土豆（马铃薯）粉制成的薯片
13. 含脱脂奶粉、豆粉、植物油、矿物质和维生素等多种添加物的爱儿乐牌奶粉
14. 绿豆粉制的干粉丝
15. 供早餐用的加有少量糖的燕麦片，已经烘炒加工，冲泡后即可食用
16. 掺有80%水的鲜榨菠萝汁（白利糖度值为30）
17. 浓缩的苹果品（白利糖度值为30）
18. 酿酒葡萄汁（含有酒精、已发酵）
19. 糖浆浸泡的桂圆肉
20. 醋泡金枪鱼，块状
21. 饮用蒸馏水
22. 适合供人食用的鱼粉，用煮熟的鱼肉制成
23. 绿箭口香糖，薄荷味
24. 巧克力甜饼干，巧克力占20%
25. 统一老坛酸菜方便面，开水泡后即可食用
26. “旺旺”米饼，大米烘炒而成，加有盐和糖
27. 罐装麦乳精，婴儿食品，加糖、全脱脂，可可含量为30%
28. 鲜榨西瓜和苹果混合汁
29. 烟草精汁，用新鲜烟叶通过压榨获得，用于制杀虫剂
30. 豆饼，提炼豆油所得的渣粉制成，用作肥料
31. 北京二锅头白酒，酒精浓度为56%，未改性
32. 猫用饲料（每袋净重100千克，进口后用于拆分包装）
33. 颗粒状综合营养性专用狗粮，包装袋印刷精美并标有喂食方法，每袋净重1千克

（试题部分选自海关教材配套辅导丛书及考试网）

Note

NAOMI
FRANCIS
LOUIS

任务五

第五类　矿产品

任务描述

1. 熟悉第五类商品的基本结构和归类方法。
2. 能够查询第五类商品的编码。

任务准备

熟悉第五类商品的基本结构。

- 本类共 3 章，结构如下。
- 第 25 章：盐；硫黄；泥土及石料；石膏料、石灰及水泥（非金属矿产品）。
- 第 26 章：矿砂、矿渣及矿灰（金属矿砂）。
- 第 27 章：矿物燃料、矿物油及其蒸馏产品；沥青物质；矿物蜡（矿物燃料）。

基础训练

Basic Practice：查询商品编码，学会归类技巧和方法。

技巧/方法 Skill/Function	能力训练 Practice
非金属矿的归类 1. 第 25 章只包括天然的或经洗涤（包括用化学品清除杂质而不改变矿物本身结构的）、破碎、磨碎、研粉、淘洗、细筛、粗筛以及用浮选、磁选或其他机械和物理方法（不包括结晶法）精选的矿产品（冶金用金属矿砂除外）。 2. 如果通过再结晶使矿产品提纯、制作成形或雕刻等其他方法加工的上述产品一般归入以后有关章内（如第 28 章、第 68 章等）。 参见：第 25 章章注一。	1. 升华硫黄 2. 未加工的红宝石 3. 台球用粉块 4. 边缘斜切的大理石板 5. 滑石粉 6. 氯化钠（符合化学定义） 7. 氧化镁（符合化学定义、非培养晶体、非光学元件） 8. 未焙烧的黄铁矿 9. 菱镁矿
金属矿的归类 1. 第 26 章包括各种冶金工业用的金属矿砂、矿渣及矿灰。也就是在商业上用于提取汞、品目 28.44 所列金属、第 71 章所列的贵金属、第十五类所列的贱金属的矿砂。即使这些矿砂不用于冶金工业，也包括在本章内。 2. 第 26 章还包括含铅汽油的淤渣及含铅抗震化合物的淤渣（子目 2620.21）及焚化城市垃圾所产生的灰、渣（子目 2621.10）。 参见：第 26 章章注二。	10. 碱金属或碱土金属的矿物（如第二十五章的盐、重晶石、毒重石、菱银矿、天青石、冰晶石等） 11. 从脉石或杂矿石中分选出来的天然金属和天然合金（第十四、十五类） 12. 稀土金属矿 13. 未焙烧的黄铁矿 14. 天然朱砂 15. 钨矿砂

矿物燃料的归类 1. 第 27 章包括煤及其他矿物燃料、石油和从沥青矿物提取的油及其蒸馏产品和类似品，还包括矿物蜡及天然沥青物质。 2. 第 27 章的煤、石油、天然气可以进行化学提取和其他加工，但经化学提取得到的化工产物能归入本章的仅是一些粗产品，如果经进一步的化学提纯，则应归入 29 章。	16. 铜矿砂 17. 用过的润滑油 18. 石蜡（按质量计含油量 0.5%） 19. 石油原油 20. 煤油 21. 天然沥青（地沥青） 22. 液化煤气

提高训练

Better Performance：运用归类技巧和方法，查询商品编码。

1. 金矿砂
2. 微晶石蜡
3. 铺路用的鹅卵石
4. 胶态硫黄
5. 用于纺织品脱脂的漂白土
6. 粉笔
7. 毒重石（天然碳酸钡），未经煅烧
8. 天然石棉纤维，短纤
9. 焙烧黄铁矿
10. 天然硫酸镁
11. 朱砂，一种汞硫化物
12. 海草灰，用于提取碘
13. 切割成矩形的大理石板
14. 含锰铁矿，含锰干重为 15%，为烧结
15. 肥料用泥煤
16. 稀释沥青
17. 凡士林，从石油原油的蒸馏残渣制得，非零售包装
18. 轻柴油
19. 航空汽油
20. 93 号车用汽油

（试题部分选自海关教材配套辅导丛书及考试网）

Note

任务六

第六类　化学工业及其相关工业的产品

任务描述

1. 熟悉第六类商品的基本结构和归类方法。
2. 能够查询第六类商品的编码。

任务准备

熟悉第六类商品的基本结构。

- 本类分为两部分:
- 第一部分:第 28 章、第 29 章。
- 一般情况下,如果一种化工品是单独的化学元素及单独的已有化学定义的化合物(包括有机化合物和无机化合物),应归入第一部分。
- 第二部分:第 30 章 – 第 38 章。
- 如果不符合,而是由几种不同化学成分混合配置而成,按照其用途归入第二部分。

基础训练

Basic Practice:查询商品编码,学会归类技巧和方法。

技巧/方法 Skill/Function	能力训练 Practice
化工产品中的优先归类原则 1. 凡符合品目 2844 或 2845 规定的货品(放射性矿砂除外),应分别归入这两个品目而不归入本协调制度的其他品目。 2. 除上述 1 款另有规定的以外,凡符合品目 2843、2846 或 2852 规定的货品,应分别归入以上品目而不归入本类的其他品目。 3. 除上述 1,2 另有规定的以外,凡由于按一定剂量或作为零售包装而可归入品目 3004、3005、3006、3212、3303、3304、3305、3306、3307、3506、3707 或 3808 的货品,应分别归入以上品目,而不归入本协调制度的其他品目。 参见:第六类类注一、类注二。	1. 放射性甘油 2. 制成零售包装供摄影用的硝酸银 3. 零售包装的染料 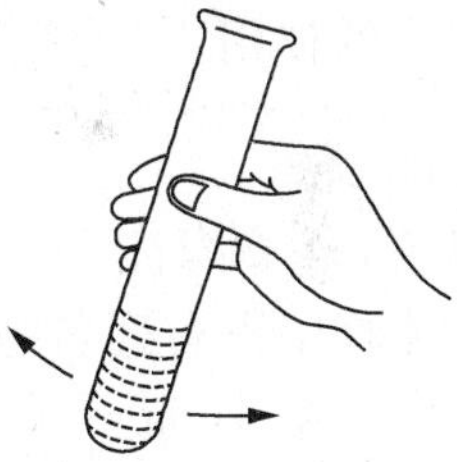 4. 碘元素 5. 钠元素 6. 硫酸 7. 贵金属汞齐
无机化学商品的归类(第 28 章) 第 28 章包括绝大部分无机化学品及少数有机化学品。其品目结构按商品的分子结构从简单到复杂排列。 1. 非金属元素和金属元素(品目 28.01 – 28.05)。 2. 非金属化合物(品目 28.06 – 28.13)。 3. 金属化合物(品目 28.14 – 28.42)。 4. 杂项产品(品目 28.43 – 28.53)。	8. 过氧化氢 9. 放射性乙醇 10. 甲醇 11. 苯酚 12. 乙醚 13. 亚磷酸三甲酯 14. 苯胺 15. 青霉素

有机化工商品的归类(第 29 章)

本章分成 13 个分章,共有 42 个品目,其品目结构按商品分子结构从简单到复杂排列。即

1. 烃(第一分章)。
2. 含氧基化合物(第二分章 – 第八分章)。
3. 含氮基化合物(第九分章)。
4. 有机 – 无机化合物、杂环化合物、核酸、磺(酰)胺(第十分章)。
5. 从动植物料提取的初始物质(第十一分章 – 第十二分章)。
6. 其他有机物(第十三分章)。

药品的归类

1. 已配定剂量或已制成零售包装,归入 3004。
2. 未配定剂量也未制成零售包装

(1)未混合产品,按成分归入 28 章或 29 章。

(2)混合产品,归入 3003。

3. 需要注意:本章不包括:

(1)营养品、糖尿病食品、强化食品、保健食品、滋补饮料及矿泉水等食品和饮料。

(2)品目 3303 至 3307 的制品,不论是否具有治疗及预防疾病的作用。

肥料的归类

1. 根据第 31 章章注二、三、四的规定:

(1)在注释中没有列名的产品,即使有时作肥料用,也不应归入第 31 章。

(2)即使某些产品有时不作肥料用,但在注释中已明确列名,则仍应归入本章。

2. 如果商品本身为第 31 章的肥料,而其包装状态又符合品目 3105 条文规定,则该商品应优先考虑归入品目 31.05。

16. 安乃近原药,粉状,5 千克装
17. 安乃近药品
18. “红牛”功能饮料
19. 海飞丝去屑止痒洗发水
20. 戒烟用的咀嚼胶
21. 云南白药,胶贴,治疗跌打损伤

22. 未经化学处理的海鸟粪(浅黄色粉末;包装重 20 千克)
23. 氯化铵肥料
24. 每袋毛重 10 千克的过磷酸钙
25. 每袋 5 千克装、粉末状,氯化钾
26. 尿素,每包毛重大于 10 千克

提高训练

Better Performance：运用归类技巧和方法，查询商品编码。

1. 磷酸，食品级
2. 化学纯的氯化钠
3. 纯净的甲烷
4. 粗萘
5. 精甲苯
6. 纯度为95%的乙醇
7. 液化空气
8. 用作食品添加剂的谷氨酸
9. 银汞齐
10. 用于电池中以防止腐蚀的锌汞齐
11. 甜蜜素
12. 农用氨水
13. 氧化铜
14. 氢氰酸
15. 氰化钾
16. 二氯二氟甲烷
17. 掺有微量硼的单晶硅棒（硅含量99.999%），直径5厘米，用于制造半导体元器件
18. 化学纯甘油
19. 乙酸酐（醋酸酐）
20. 麻黄碱
21. 维生素C粉状，25千克/桶
22. 红霉素药片
23. 阿司匹林原药，粉末状，5千克装
24. 清凉油，10千克/盒
25. 安乃近药片
26. 胰岛素针剂
27. 有机合成的荧光增白剂
28. 用黄铜粉和黏合剂等成分制得的“压印箔”
29. 作净化自来水用的活性炭（竹质的）
30. 供病人做X光检查前服用的“钡餐”
31. 尿素，10千克包装
32. 硫酸钾肥料，50千克装
33. 磷酸二氢铵占70%，磷酸占30%的混合肥料，50千克装
34. 碳酸氢铵肥料，50千克装
35. 乌贼染料，有乌贼的墨囊制得的一种色料
36. 有硼酸铅、环烷酸锌等溶于木松节油而制得的用于油漆的催干剂
37. 学生用的含各种颜色的成套的蜡笔
38. 酸性染料，50千克桶装
39. 钛白粉，其中二氧化钛含量占95%
40. 用于陶瓷器的光瓷釉
41. 用聚丙烯酸酯溶于有机溶剂，再加上其他配料制得的油漆
42. “什果冰”唇膏
43. 头发定型用摩丝
44. 用于一种罐头食品的食用香精
45. “美宝莲”蓝色眼影粉
46. 牙刷
47. 玫瑰油
48. 剃须膏
49. 泡沫浴制剂
50. 假牙清洁剂
51. 医用X光片，20厘米×40厘米
52. 彩色一次成像片，长18厘米，宽12厘米
53. 供静电复制文件用的显影剂
54. 300毫升装灌注香烟打火机的丁烷液化气体
55. 从微生物制取的淀粉酶
56. 办公室用胶水，100克装
57. 淀粉胶
58. 人血白蛋白针剂
59. 摄影用的显影液

60. 香皂
61. 液体肥皂
62. 皮衣上光剂
63. 生日蜡烛
64. 化学催化剂，由氯化钯与载体构成
65. 防晒油
66. 由铬酸铅与少量硫酸混合组成的一种黄色色料
67. 汽车车身抛光剂
68. 洗衣粉，1000 克/袋
69. 去污粉
70. 500 毫升瓶装洗涤精
71. 用于添加在汽油中的抗震剂，以四乙基铅为主要成分，加入 1，2 - 二溴乙烷组成
72. 用于添加剂在汽油中的防胶剂
73. 工业用硬脂酸
74. 用于清除金属表面的氧化物的酸洗剂
75. 塑料生产用的复合增塑剂
76. 烟花
77. 家庭用的小型灭火弹，使用时直接将灭火弹用力投向火源，使其外壳破裂，灭火液泼出，从而起到灭火作用
78. 阴离子型表面活性剂
79. 巴西棕榈蜡与石蜡的混合蜡
80. 电热灭蚊液，20 毫升/瓶，含有效灭蚊成分为合成拟除虫菊酯
81. 急救药箱，内装有几样少量普通药品（双氧水、碘酊、红汞等），少量药棉、绷带、膏药等
82. 502 胶水，已 α - 氰基丙烯酸乙酯为主，加入增黏剂、稳定剂、增韧剂、阻聚剂等制成的单组分瞬间固化黏合剂，15 克/支
83. 男士用古龙香水
84. 护肤用凡士林，20 克/盒
85. 乙氧基脂肪酸酰胺，一种非离子型有机表面活性剂
86. 修正带

（试题全部选自海关教材配套辅导丛书 2013 版）

知识链接

汞齐 Amalgam

汞齐，即汞合金，亦称为软银，为水银与其他金属的合金，大多成固态，若水银成分多则呈液态，大部分金属都溶于汞，例外者有铁。

主要用作于金、银的冶金或还原材料，亦为牙齿的填充物。被中国古代道教认作是长生不老药的成分之一。

Note

任务七

第七类　塑料及其制品；橡胶及其制品

查尔斯·固特异(美国)

Charles. Goodyear(1800—1860)

"硫化橡胶"的发明者,在固特异去世后的38年以后,为了纪念查尔斯·固特异对美国橡胶工业做出的巨大贡献,弗兰克·克伯林把自己创建的轮胎橡胶公司命名为——固特异。

任务描述

1. 熟悉第七类商品的基本结构和归类方法。
2. 能够查询第七类商品的编码。

任务准备

熟悉第七类商品的基本结构。

- 本类包括两章,是由高分子聚合物组成的塑料与橡胶以及它们的制品。除天然的以外,合成的高分子聚合物大多是由第 29 章的有机化合物聚合得到。
- 第 39 章　塑料及其制品。
- 第 40 章　橡胶及其制品。

基础训练

Basic Practice:查询商品编码,学会归类技巧和方法。

技巧/方法 Skill/Function	能力训练 Practice
共聚物的归类 在整个聚合物中没有一种单体单元的含量在95%及以上的各种聚合物,按共聚物归类。 (1)品目归类依据:章注四 ①确定每一种单体单元的品目。 ②将属于同一品目的单体单元的含量相加,按含量高的品目归类。 ③如果含量相等则从后归类。 (2)子目归类依据:子目注释一 ①同级子目中有"其他"子目的: 若要归入"聚(多)",列明的单体单元质量含量必须在95%及以上。 若要归入3901.30,3903.20,3903.30 及3904.30,单体单元质量含量必须在95%及以上; 否则按聚合物中质量最大的单体单元构成的聚合物归入该级其他相应子目。 ②同级子目中没有"其他"子目的: 按聚合物中质量最大的单体单元构成的聚合物归入该级相应子目。	1. 粒子状的聚乙烯(密度0.93)下脚料 2. MS 非泡沫板,MS 即甲基丙烯酸甲酯(单体单元占30%),苯乙烯(单体单元占70%)的共聚物。 3. 由5%的乙酸乙烯酯与95%丙烯的单体单元组成的共聚物 4. 由95%的乙烯与5%的丙烯的单体单元组成的共聚物(密度0.95) 5. 40%乙烯35%丙烯及25%异丁烯的共聚物的粉末 6. 乙烯-乙酸乙烯酯-氯乙烯共聚物,其中乙烯单体单元为36%,乙酸乙烯酯单体单元为24%,氯乙烯单体单元为40%,外观为白色粉末,未加增塑剂 7. 50%乙烯50%的乙酸乙烯酯的共聚物 8. 乙烯-乙酸乙烯酯-氯乙烯接枝共聚物,其中乙烯单体单元为36%、乙酸乙烯酯单体单元为24%、氯乙烯单体单元为40%,外观为白色粉末,未加增塑剂

聚合物混合体的归类

(1)品目归类依据:章注四

与"共聚物"归类方法相同。

(2)子目归类依据:子目注释一

聚合物混合体应按单体单元比例相等、种类相同的聚合物归入相应子目。

化学改性聚合物的归类

(1)品目归类依据:章注五

化学改性聚合物,按照未改性的聚合物的相应品目归类。但接枝共聚物除外。

(2)子目归类依据:子目注释一

①同级子目中有"其他"子目的:

化学改性聚合物如未在其他子目具体列名,应归入列名为"其他"的子目内。

②同级子目中没有"其他"子目的:

化学改性聚合物应按相应的未改性聚合物的子目归类。

塑料废碎料和下脚料的归类

归类依据:章注七

(1)同时满足①初级形状 ②单一种类 ③热塑性的废碎料和下脚料归入3901－3914。

(2)否则归入3915。

橡胶的归类

1. 天然橡胶(未硫化橡胶)4001－4006。

2. 硫化橡胶4007－4017。

9. 乙烯－乙酸乙烯酯－氯乙烯接枝共聚物,其中乙烯单体单元为4%、氯乙烯单体单元为66%、乙酸乙烯酯单体单元为30%、外观为白色粉末,未加增塑剂

10. 乙烯－乙酸乙烯酯－氯乙烯接枝共聚物,其中乙烯单体单元为85%、乙酸乙烯酯单体单元为10%、氯乙烯单体单元为5%,外观为白色粉末,未加增塑剂

11. 乙烯(65%)、乙酸乙烯酯(10%)、氯乙烯(25%)共聚物,外观为白色粉末

12. 乙烯85%,丙烯10%,氯乙烯5%的共聚物,外观为白色粉末

13. 塑料管

14. 塑料茶杯

15. 粒子状的聚乙烯(密度0.93)下脚料

16. 乙丙橡胶

17. 硅橡胶

提高训练

Better Performance:运用归类技巧和方法,查询商品编码。

1. 天然橡胶胶乳
2. 烟胶片
3. 丁腈橡胶颗粒
4. 乙丙橡胶颗粒,其中乙烯占35%,丙烯占65%
5. 硅橡胶颗粒
6. 洗碗用的橡胶手套
7. 学生用的橡皮擦
8. 丁苯橡胶制的水管,50米长,未装接头
9. 海绵橡胶板
10. "丰田"轿车用新的充气子午线轮胎
11. 密度0.95的聚乙烯粒子
12. 未改性的ABS粒子
13. 环氧树脂胶乳

14. 已报废的不能再翻新的轿车用轮胎
15. 聚酰胺 6－6 粉末
16. 阴离子型离子交换剂颗粒
17. 密胺树脂颗粒
18. 聚氯乙烯制的硬管，长 2 米，直径 2 厘米
19. 塑料制瓶塞
20. 塑料浴缸
21. 聚氯乙烯塑料制一次性分指手套
22. 乙烯－氯乙烯共聚粒子，其中乙烯单体单元占 40%、氯乙烯单体单元占 60%
23. 丙烯－异丁烯共聚粒子，其中丙烯单体单元和异丁烯单体单元各占 60%
24. 乙烯－丙烯－异丁烯共聚粒子，其中乙烯单体单元占 40%、丙烯单体单元占 35. %、异丁烯单体单元占 25%
25. 废的塑料袋(聚氯乙烯制)
26. 硬质橡胶制垃圾桶

(试题全部选自海关教材配套辅导丛书 2013 版)

Note

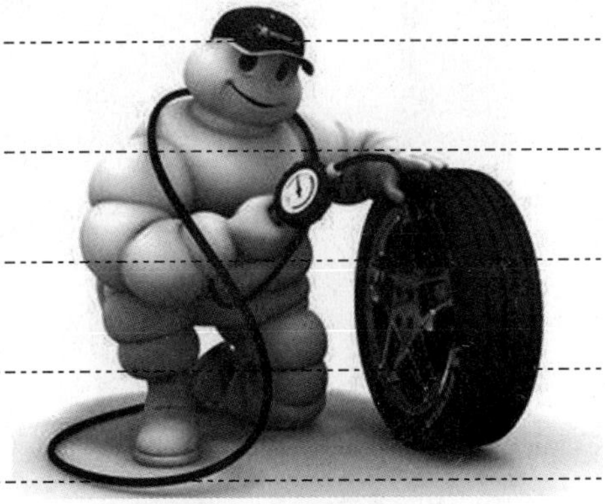

任务八

第八类　生皮、皮革、毛皮及其制品；鞍具及挽具；旅行用品、手提包及类似容器；动物肠线（蚕胶丝除外）制品

任务描述

1. 熟悉第八类商品的基本结构和归类方法。
2. 能够查询第八类商品的编码。

任务准备

熟悉第八类商品的基本结构。

- 第八类商品共3章：
- 第41章：生皮（毛皮除外）和皮革，并且按加工程度由低到高排列。
- 第42章：皮革制品和具有皮革特征但用其他材料制成的货品。
- 第43章：毛皮及其制品。

基础训练

Basic Practice：查询商品编码，学会归类技巧和方法。

技巧/方法 Skill/Function	能力训练 Practice
带毛生皮或已鞣制带毛皮张的归类 带毛生皮：可能归入第41章，也有可能归入第43章。 已鞣制带毛皮张：肯定归入第43章。 归类依据：章注一（三）。	1. 生的带毛兔皮 2. 已鞣制的带毛兔皮 3. 带毛的生绵羊皮 4. 已鞣制的带毛绵羊皮
品目42.02容器的归类 品目42.02包括两组物品，列在分号之前的物品为一组，列在分号之后的物品为另一组。两组之间的差别是材料不同。 第一组的容器可用任何材料制成。 第二组的容器必须用皮革或再生皮革、塑料片、纺织材料、钢纸或纸板制成，或者全部或主要用上述材料或纸包覆制成。 归类依据：4202的品目条文。	5. 印有“愤怒小鸟”图案的学生书包 6. 牛皮钱包 7. 塑料制的粉盒 8. 纺织材料制眼镜盒 
皮革服装和毛皮服装的归类 1. 皮革制（包括再生皮革制）的服装归入4203。 2. 毛皮制的服装归入4303。 注：毛皮作面、纺织品作里衬或纺织品作面、毛皮作里衬的服装，依然应按毛皮服装归入品目4303。 3. 人造毛皮服装归入4304。 4. 毛皮或人造毛皮仅作为装饰用的服装，按服装面料归类。	8. 貂皮大衣 9. 羊皮夹克 10. 仅在衣领和袖口用毛皮装饰的粗花呢大衣

带有贵金属、珍珠、宝石制的小饰物和小配件的皮革制品的归类

带有贵金属、珍珠、宝石制的小饰物和小配件的皮革制品应归入品目 4202 或 4203；但这些物品不能构成货品的基本特征否则应按贵金属、珍珠、宝石归入第 71 章。

用作机器零件的皮革制品的归类

用作机器、机械器具零件的皮带、皮制垫圈等零件的皮革制品，应归入品目 4205，而不要按机器零件归入第十六类。

11. 女式小提包，包面用手工将珍珠穿结而成
12. 牛皮制的女士提包，包外表面嵌有白金制的商标
13. 用在织布机上作为零件的皮制垫圈

提高训练

Better Performance：运用归类技巧和方法，查询商品编码。

1. 经鞣制的整张的全粒面剖层牛皮革（已经进一步加工）
2. 制革用干的生牛皮（整张皮，每张干燥质量 6 千克）
3. 供人食用干的生牛皮（整张皮，每张干燥质量 6 千克）
4. 拳击用皮革制手套
5. 蛇皮皮带（皮带扣镶嵌有玉石）
6. 机器用皮革垫圈
7. 木制的衣箱
8. 棉布作面料，兔毛皮衬里的手套
9. 牛皮作面料，兔毛皮衬里的手套
10. 男式大衣，布料为纯羊毛华达呢，衬里为兔毛皮
11. 生牛皮的边角废料
12. 经半硝处理后再抛光处理的去毛绵羊皮革
13. 塑料制手提包，有背带
14. 外壳用无菌羊肠线
15. 羊皮制的皮帽
16. 牛皮制皮裙
17. 带毛的貂皮女披肩
18. 带毛生猪皮

（试题部分选自海关教材配套辅导丛书及考试网）

Note

任务九

第九类 木及木制品；木炭；软木及软木制品；稻草、秸秆、针茅或其他编结材料制品；篮筐及柳条编结品

任务描述

1. 熟悉第九类商品的基本结构和归类方法。
2. 能够查询第九类商品的编码。

任务准备

熟悉第九类商品的基本结构。

- 第九类商品共有 3 章,包括:
- 第 44 章:主要包括木及其制品,其中木制品还包括竹子制品。
- 第 45 章:主要包括软木及其制品。
- 第 46 章:主要包括各种编结材料制品。

基础训练

Basic Practice:查询商品编码,学会归类技巧和方法。

技巧/方法 Skill/Function	能力训练 Practice
木及木制品的归类 1. 第 44 章包括未加工的木、木的半成品及木制品;木炭。从整体上看,本章品目是按产品的加工程度排列的,顺序为“粗加工的木材 - 半成品 - 制成品。” 2. 大部分木制品归入第 44 章(4414 - 4421),但也有部分木制品已构成其他章货品的特征,不能归入本章。主要注意第 44 章章注一(五)、(八)、(十四)、(十五)、(十六)的规定。	1. 竹衣架 2. 木制的衣箱 3. 木制的衣柜 4. 木制的衣架 5. 落地的木制衣架 
木板材的归类 1. 一般板材——按厚度归入 4407 - 4408。 2. 在端部和侧面制成连续形状的板材——4409。 3. 木质碎料板、木纤维板机胶合板的端部和侧面制成连续形状——4410 - 4412。 	6. 制胶合板用巴拷红柳按木薄板(板厚 3 毫米) 7. 表层为巴拷红柳按木薄板,其他两层为针叶木薄板制的三合板(每层薄板厚度为 1 毫米) 8. 表层为西非红豆木薄板,其他两层为针叶木薄板压制的三合板(每层薄板厚度为 1 毫米)

<table>
<tr>
<td>木地板的归类
木地板按照材料的不同归入 4409 – 4412 以及 4418。其中，包括天然木地板、碎料板制木地板、纤维板制木地板、胶合板制木地板以及已拼装的拼花木地板。
</td>
<td rowspan="2">9. 天然竹制地板
10. 碎料板制木地板
11. 中密度纤维板制木地板(厚度 8 毫米，未经机械加工，密度为每立方厘米 0.9 克)
12. 胶合板制木地板(每层厚度不超过 6 毫米，表层为热带木)
13. 已拼装的拼花木地板
14. 表观宽度 3mm 的聚酯扁条
15. 表观宽度 6mm 的聚酯扁条
16. 表观宽度 3mm 的聚酯扁条编结的垫子</td>
</tr>
<tr>
<td>编结材料的归类
第 46 章“编织材料”的范围见该章章注一。特别应注意：截面尺寸不超过 1 毫米的塑料单丝及表观宽度不超过 5 毫米的塑料扁条的制品，不应归入本章，而应按纺织品归入第十一类。</td>
</tr>
</table>

提高训练

Better Performance：运用归类技巧和方法，查询商品编码。

1. 薪柴
2. 竹炭

3. 未浸渍的铁道枕木
4. 经防腐处理的落叶松原木
5. 红木原木
6. 制胶合板用巴栲红柳安木单板(厚 2 毫米)
7. 中密度木纤维板(密度每立方厘米 0.8 克，厚 2.5 毫米，未经机械加工)
8. 表层为非洲桃花心木薄板制成的胶合板(表层厚度 1.5 毫米，其余各厚 2 毫米)
9. 红木制相框
10. 杉木制泡澡箍桶

11. 木门
12. 用天然软木制成的瓶塞
13. 用柳条编制的盛装水果或蔬菜的筐

14. 红木制首饰盒

15. 一次性卫生木筷

(试题部分选自海关教材配套辅导丛书及考试网)

Note

任务十

第十类　木浆及其他纤维状纤维素浆；回收（废碎）纸或纸板；纸、纸板及其制品

任务描述

1. 熟悉第十类商品的基本结构和归类方法。
2. 能够查询第十类商品的编码。

任务准备

熟悉第十类商品的基本结构。

- 本类商品共有 3 章。包括：
- 第 47 章：木浆及其他纤维状纤维素浆；回收（废碎）纸或纸板（纸浆）。
- 第 48 章：纸及纸板；纸浆、纸或纸板制品（纸及纸制品）。
- 第 49 章：书籍、报纸、印刷图画及其他印刷品；手稿、打字稿及设计图纸（印刷品）。

基础训练

Basic Practice：查询商品编码，学会归类技巧和方法。

技巧/方法 Skill/Function	能力训练 Practice
纸浆的归类 第 47 章包括木浆及其他纤维素浆，纸及纸板的废碎品。结构如下： 1. 木浆 4701 – 4705 其中①机械木浆 4701。 ②化学木浆 4702 – 4704。 ③机械 – 化学木浆 4705。 2. 纤维素浆 4706。 3. 回收废碎纸及纸板 4707。	1. 非溶解级漂白杉木硫酸盐木浆 2. 回收的《大连晚报》报纸 3. 亚硫酸盐漂白针叶木浆（溶解级） 4. 磨制的木浆（桦木） 5. 化学 – 机械木浆 
纸张的归类 1. 第 48 章主要是根据纸的加工程度来排列，结构规律如下： 未涂布的机制或手工纸 ……… 4801 – 4805 未涂布但经进一步加工的纸 … 4806 – 4808 经涂布的纸 ……………………… 4809 – 4811 特定用途的纸及其制品 ……… 4812 – 4823 2. 对品目 4801 – 4805 的纸张的加工不能超出章注三所规定的加工方法。	6. 成卷的卫生纸（零售用，宽度为 40 厘米） 7. 成卷的卫生纸（零售用，宽度 12 厘米） 8. 经研光处理的书写纸（45 厘米 × 30 厘米、80 克/平方米，用机械木浆制得） 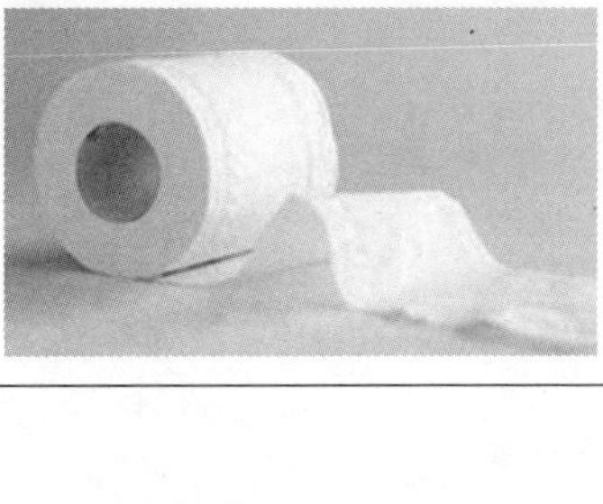

3. 对品目 4801 及 4803 – 4809 纸品规格尺寸及形状有限制，参见章注八。
4. 在确定部分子目时，有些还要考虑所含纸浆的种类。木浆分为：机械浆、化学浆、化学 – 机械浆。

涂布纸的归类 4809 – 4811

涂布纸是指在纸的单面或双面施以涂料，以使纸面产生特殊的光泽或使其适合特定的需要。

48.09 油印蜡纸或胶印蜡纸。

48.10 涂布高岭土或其他无机物质，如铜版纸。

48.11 涂布塑料、沥青、焦油、蜡或其他有机物质，如涂塑相纸、绝缘纸和热敏纸等。

邮票的归类

注意品目 49.07 与 97.04 的区别：

1. 品目 49.07 是指未经使用，在本国或承认其面值的国家发行，有使用价值的邮票。
   （即：新邮票且国家承认其流通性）
2. 品目 97.04 是指使用过的，或虽未经使用但不在本国或承认面值的国家发行的没有使用价值，只有收藏价值的邮票。
   （即：4907 的旧邮票或国家不承认流通性仅用来做收藏品的邮票）

报纸、杂志的归类

一般的报纸、杂志归入品目 4902。

但根据 49 章章注三规定：用纸以外的材料装订成册的报纸、杂志和期刊，以及一期以上装订在同一封面里的成套报纸、杂志和期刊，归入 4901，无论是否有广告材料。

4901 和 4911

根据 49 章章注四规定：没有说明文字的印刷图画或图解，不论是否散页或书帖形式，应归入 4911。

根据 49 章章注五规定：除章注三另有规定的意外，品目 4901 不包括主要做广告用的出版物，这类出版物归入 4911。

9. 铜版纸（100% 漂白化学 – 机械木浆制造；轻质涂布纸）
10. 19 世纪英国发行的邮票（未使用过）
11. 印有邮票印记的美术明信片

12. 装订成册的《读者》杂志全年合订
13. 张大千画册，共 10 页，用于临摹
14. 在房交会上用于宣传公司的小册子

提高训练

Better Performance：运用归类技巧和方法，查询商品编码。

1. 将松木木片用化学方法软化处理，然后再进行机械磨浆而制得的木浆
2. 宽 60 厘米，成卷的新闻纸
3. 带有香味的“心相印”压花面巾纸，规格 25 厘米 ×18 厘米

4. 淡绿色的墙纸，宽 50 厘米，成卷
5. 复写纸，规格为 20 厘米 ×10 厘米
6. 皱纹纸，规格：40 厘米 ×40 厘米
7. 自粘胶粘纸，宽 6 厘米，成卷
8. 以毡纸为底的纸板，既可作铺地制品用，也可作壁纸用
9. 砂纸
10. 用药物浸渍供医疗用的纤维素絮纸，零售包装
11. 印制的纸质标签
12.《哪吒闹海》连环画册
13. 印制的生日贺卡，印有图画和祝福语
14. 仅印有供写地址、邮政编码和贴邮票标记的素色明信片，纸制
15. 印有风景的明信片
16. 成本的信纸
17. 婴儿纸尿裤
18. 一次性纸杯
19. 肯德基用于包装鸡翅的纸包装袋（底宽 50 厘米）

20. 学生用田字格本
21.《暮光之城》系列丛书

22.《时尚芭莎》杂志（月刊）
23.《super junior》明星海报

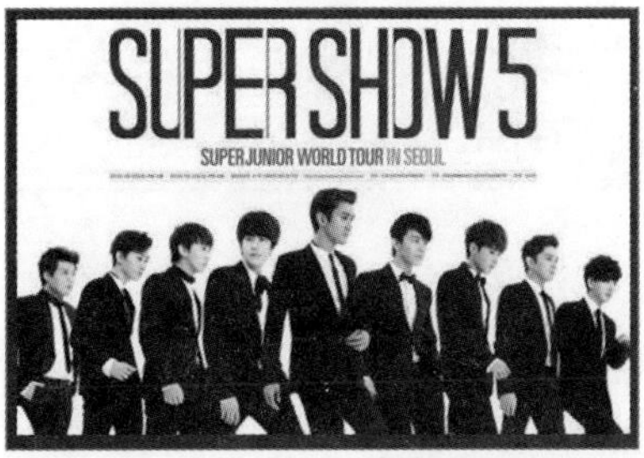

（试题部分选自海关教材配套辅导丛书及考试网）

Note

Happy
Thanksgiving!
Lorem ipsum dolor sit amet,
consecte adipisicing elit,
do eiusmod tempor incididunt
ut labore et dolore aliqua.

任务十一

第十一类　纺织原料及纺织制品

任务描述

1. 熟悉第十一类商品的基本结构和归类方法。
2. 能够查询第十一类商品的编码。

任务准备

熟悉第十一类商品的基本结构。

- 本类商品共有 14 章,可以分为两个部分。
- 第一部分:第 50 章至第 55 章(纤维、普通纱线、普通机织物)。
- 天然纤维——50 章到 53 章。
- 化学纤维——54 章、55 章。
- 第二部分:第 56 章至第 63 章(特种纱线、特种织物、制成品)。

基础训练

Basic Practice:查询商品编码,学会归类技巧和方法。

技巧/方法 Skill/Function	能力训练 Practice
混纺材料的归类 第 50－55 章及品目 5809 或 5902 : 依据:第十一类类注二。 方法:基本特征(质量)——从后归类。 注意:①马毛粗松螺旋花线(5110)和含金属纱线(5605)均作为单一材料,取合计质量。 ②第 54 章及第 55 章合并比较。 ③先比较章,再比较品目;方法同。	1. 按质量计含 65% 棉、35% 聚酯短纤的每平方米重 80 克且漂白的平纹机织物 2. 按质量计含 40% 合成纤维短纤、35% 精梳羊毛、25% 精梳兔毛的机织物 3. 由 35% 亚麻、25% 黄麻及 40% 棉的加工而得的纺织材料
纱线的归类 1. 首先确定其是特种纱线还是普通纱线。 2. 普通纱线(第 50 章－第 55 章):按纱线原料的性质归类。 (1)缝纫线(符合类注五) 相应品目。 (2)非缝纫线 供零售用(符合类注四) 相应品目。 (3)非供零售用 相应品目。 3. 特种纱线(第 56 章) (1)与橡胶或塑料复合的纱线 品目 5604。 (2)含金属纱线 品目 5605。 (3)绳绒线、粗松螺旋花线、纵行起圈纱线等品目 5606。 (4)线、绳、索、缆(符合类注三) 品目 5607。	4. 零售的棉制缝纫线 5. 棉制精梳单纱线,细度 120 公分 6. 椰壳纤维纱线 7. 已漂白的蕉麻纱线 8. 聚丙烯长丝多股纱线 9. 黏胶纤维(木制)纺制的长丝单纱,捻度每米布超过 120 转(非供零售用) 10. 粘胶纤维长丝纺制的多股纱线 11. 按质量计含聚酯短纤 90%,黏胶短纤 10% 的单纱线

织物的归类

与纱线的归类相似，首先确定其是属于普通机织物还是属于其他织物，前者归入第50章至第55章，后者归入第56章至第60章。

织物按制法分以下几种：

①普通机织物 ························ 第50至第55章

②特种机织物 ································ 第58章

③絮胎、毡呢、无纺织物 ······················ 第56章

④地毯 ······································ 第57章

⑤针织物、钩编织物 ·························· 第60章

⑥其他特殊加工的织物 ················ 第58至第59章

服装和衣着附件的归类

1. 首先判断应归入第61章还是第62章。
   针织服装归入第61章(6212商品除外)，非针织(也就是机织)服装归入第62章。
2. 然后判断是否是婴儿服装，如果是婴儿服装，应优先归入品目6111(针织)或者是6209(非针织)。
3. 再次判断是否是特殊材料制成的服装，特殊材料(5903、5906、5907)制成的针织服装优先归入6113.特殊材料(5602、5603、5903、5906、5907)制成的机织服装优先归入6210。
4. 然后根据性别(男、女)、服装款式(大衣、西服、衬衣、内衣等)、纤维的种类归入相应的编码。

"粗松螺旋花线"的归类

金属制 5605

马毛制 5110

化学材料等其他材料制 5606

12. 按质量计，含35%亚麻、25%黄麻及40%棉的漂白机织物
13. 每平方米重210克的漂白机织物，含40%棉、30%合成纤维短纤和30%人造纤维短纤
14. 按质量计含40%棉、35%合成纤维长丝和25%人造纤维短纤的漂白机织物
15. 含50%的棉和50%涤纶短纤的机织物制男式衬衫
16. 按质量计，含50%棉，27%化纤和23%羊毛的针织物制成的女式连衣裙
17. 女式雨衣，由涤纶机织物表面(单面)涂布高分子树脂的面料(涂层可明显看出)制成
18. 马毛制粗松螺旋花线

提高训练

Better Performance：运用归类技巧和方法，查询商品编码。

1. 未加捻的桑蚕厂丝	6. 克什米尔山羊毛条
2. 未梳废丝	7. 棉花
3. 真丝纱线	8. 棉条
4. 未漂白的绢丝机织物	9. 印花平纹混纺棉机织物(含棉70%，涤30%)，没平方米质量190克
5. 碳化羊毛	

10. 漂白亚麻机织布，每平方米重量 220 克
11. 尼龙－6,6 弹力丝，其每根单纱线细度为 67 分特

12. 涤纶弹力丝，每根单纱细度 67 分特
13. 二醋酸纤维长丝丝束
14. 未梳的涤纶短纤
15. 染色平纹混纺机织物，按质量计含聚酯短纤 60%，棉 40%，每平方米质量 250 克
16. 絮胎制的卫生巾
17. 涤纶短纤制无纺布，每平方米重 50 克（已浸渍）
18. 棉制的粗松螺旋花线
19. 尼龙制渔网
20. 羊毛结织栽绒地毯
21. 羊毛簇绒地毯
22. 棉制割绒的灯芯绒织物
23. 已染色的全棉毛巾织物
24. 手工制涤纶花边
25. 涤纶短纤制沙罗
26. 编带，棉制，宽 10 厘米，成卷
27. 涤纶机织标签，宽 2 厘米，成卷
28. 尼龙－6,6 高强力纱制成的帘子布
29. 涤纶制墙布
30. 涤纶制筛布
31. 针织羊毛女式滑雪短上衣
32. 机织羊毛男式西服套装
33. 针织聚酯纤维男式内裤
34. 针织羊毛女式便服套装
35. 针织女式棉睡衣

36. 针织羊毛女式套头衫
37. 针织涤纶男式游泳服
38. “金利来”牌男式机织真丝领带
39. 针织全棉胸罩
40. 机织真丝刺绣手帕
41. 机织男式全棉阿拉伯袍
42. 女式化学纤维面料机织羽绒大衣

43. 电热毯
44. 床上用羊毛毯
45. 全棉机织印花床单
46. 涤纶印花机织床罩
47. 针织亚麻制窗帘
48. 棉制帐篷
49. 棉制救生衣
50. 棉制机织袋（用于装面粉）
51. 旧衣服，捆装
52. 真丝机织纱巾
53. 纱布，全棉，平纹机织，80 克/平方米，已漂白，用于加工口罩
54. 全棉毛圈机织物制成的印花儿童手帕

（试题全部选自海关教材配套辅导丛书）

Note

任务十二

第十二类 鞋、帽、伞、杖、鞭及其零件；已加工的羽毛及其制品；人造花；人发制品

任务描述

1. 熟悉第十二类商品的基本结构和归类方法。
2. 能够查询第十二类商品的编码。

任务准备

熟悉第十二类商品的基本结构。

- 本类商品有 4 章。
- 第 64 章：主要包括各种形状、尺寸、用途及制造方法制的鞋靴。
- 第 65 章：主要包括各种材料（石棉除外）制成的任何用途（日用、戏剧用、化妆用、防护用等）的帽子（第 95 章的玩偶帽除外）和发网，且可带有各种材料制的装饰物。
- 第 66 章：主要包括各种材料制成的雨伞、阳伞、手杖、鞭子等。
- 第 67 章：主要包括已加工的羽毛、羽绒及其制品、人造花和人发制品等。

基础训练

Basic Practice：查询商品编码，学会归类技巧和方法。

技巧/方法 Skill/Function	能力训练 Practice
鞋靴的归类 鞋靴一般按其外底和鞋面的材料归入不同的品目。当鞋面和鞋底由不同材料构成时，则鞋面的材料应以占表面面积最大的那种材料为准，而鞋底的材料应以与地面接触最广的那种材料为准。	1. 尺寸为 26 码的旅游鞋，鞋面由皮革和帆布构成且皮革的表面积大于帆布的表面积，鞋底材料为橡胶 
旧鞋靴和帽类的归类 明显穿用过，并且报验时呈散装、捆装、大袋装或类似大包装的（除石棉以外材料制成的鞋靴和帽类外），应归入品目 63.09。	
鞋靴零件的归类 1. 品目 6406“鞋靴零件”的范围主要包括：鞋面零件；硬衬、内底、中底和外底；鞋跟及活动式配件等。 2. 不包括第 64 章章注二所列的货品。	2. 旧鞋，袋装 3. 旧帽子 4. 鞋带（聚酯纤维制） 5. 鞋钉（铁制） 6. 高跟鞋鞋跟

提高训练

Better Performance：运用归类技巧和方法，查询商品编码。

1. 运动鞋，橡胶制外底，纺织材料制鞋面，采用的是缝合法制作
2. 过膝的高统防水靴，橡胶制外底和鞋面，采用的是压模法制作
3. 用柳条编结而成的遮阳帽，有帽带
4. 塑料制太阳帽
5. 摩托车用安全帽
6. 油纸蒙顶木柄雨伞
7. 登山用的硬质手杖
8. 羊毛制的假胡须
9. 塑料制的人造葡萄
10. 已加工供雕刻用的羽管

（试题部分选自海关教材配套辅导丛书及考试网）

Note

任务十三

第十三类　石料、石膏、水泥、石棉、云母及类似材料的制品；陶瓷产品；玻璃及其制品

教堂玻璃(Cathedral glass)

为西方建筑装饰品,常见于教堂,装置于建物墙面上。在伊斯兰教的清真寺,教堂玻璃艺术也很常见。其作用原理是当日光照射玻璃时,可以造成灿烂夺目的效果。而在电灯时代,夜间从教会内放射出的彩光,又是气象万千。早期教堂玻璃多以圣经故事为内容,以光线配合图案的效果感动信徒。

任务描述

1. 熟悉第十三类的基本结构和归类方法。
2. 能够查询第十三类商品的编码。

任务准备

熟悉第六类的基本结构。

- 本类共分 3 章,包括:
- 第 68 章:本章货品大都是 25 章货品经进一步加工所得。
- 例如:石料、石膏、水泥、石棉、云母及类似材料的制品。
- 第 69 章:主要包括成型后经过烧制陶瓷制品。
- 第 70 章:主要包括各种玻璃制品。

基础训练

Basic Practice:查询商品编码,学会归类技巧和方法。

技巧/方法 Skill/Function	能力训练 Practice
第 68 章产品的归类 第 68 章包括石料、石膏、水泥、石棉等制品,大都是第 25 章的货品经进一步加工所得,或者其加工程度已超出第 25 章所允许的范围。并且一般只是对第五类第 25 章的矿产品改变原来的形状,而不改变其原料的性质,这也是本章的产品与后面两章产品的主要区别。	1. 印有花纹的石膏天花板 2. 云母薄片(未粘聚或复制) 3. 边长 20 厘米、厚度为 1 厘米、一面经平面磨光的正方形大理石块 4. 成卷的沥青 5. 石棉制安全帽(帽内衬有纯棉机织物制衬里) 6. 人造石墨制的轴承

提高训练

Better Performance：运用归类技巧和方法，查询商品编码。

1. 天然金刚石制砂轮
2. 砂纸，规格 20 厘米 ×40 厘米
3. 由水泥与木粉压制成的板
4. 建筑用石膏板，以纸贴面
5. 钢筋混凝土制建筑制墙板
6. 碳纤维
7. 耐火陶瓷制坩埚，按质量计石墨含量为 75%
8. 为上釉的陶瓷贴面砖，正方形，边长 12.5 厘米
9. 瓷浴缸
10. 瓷制餐具
11. 废玻璃
12. 电视显像管用玻璃外壳
13. 已镶框的玻璃镜
14. 汽车后视镜
15. 玻璃制啤酒瓶，容量 750 毫升
16. 玻璃制保温被内胆
17. 玩具用玻璃假眼
18. 已成形的视力矫正眼镜用的变色玻璃片(未经光学加工)
19. 钢化玻璃制未镶框安全玻璃，已制成一定形状，专用于飞机上

(试题部分选自海关教材配套辅导丛书及考试网)

Note

任务十四

第十四类　天然或养殖珍珠、宝石或半宝石、贵金属、包贵金属及其制品；仿首饰；硬币

任务描述

1. 熟悉第十四类商品的基本结构和归类方法。
2. 能够查询第十四类商品的编码。

任务准备

熟悉第十四类商品的基本结构。

- 第十四类商品只有一章，第71章。结构如下：
- 1. 天然或养殖珍珠、宝石或半宝石（品目71.01～71.05）。
- 2. 贵金属及包贵金属（品目71.06－71.12）。
- 3. 珠宝首饰，金、银器及其他制品（品目71.13至71.18）。

基础训练

Basic Practice：查询商品编码，学会归类技巧和方法。

技巧/方法 Skill/Function	能力训练 Practice
有关“贵金属”的归类 1.“贵金属”是指银、金、铂。 2.“铂”是指铂族元素，包括：铂、铱(yi)、锇(e)、钯(ba)、铑(lao)、及钌(liao)。 3. 注意：6种铂族贵金属，在归类的时候合并起来作为铂的含量。 参见：第71章章注四。 贵金属合金的归类 1. 含有贵金属的合金（包括烧结及化合的），只要其中任何一种贵金属的含量达到合金质量的2%，那么则视为本章的贵金属合金。 (1)按质量计含铂量在2%及以上的合金，应视为铂合金。 (2)按质量计含金量在2%及以上的合金，应视为金合金。 (3)按质量计含银量在2%及以上的合金，应视为银合金。 参见：第71类章注五。 ※2. 注意：应用注释五时注意其先后顺序，即：归类时铂合金优先于金合金，金合金优先于银合金。	1. 铂粉 2. 纯度达到99.99%的银，未锻造 3. 金，未锻造、货币用 4. 按质量计含铁70%，含铜25%，含金5%的金属合金（未经锻造，非货币使用） 5. 按质量计含铁60%，铜35%，银3%，其他贱金属2%的金属合金（未经锻造，非货币使用） 6. 按质量计含铁80%，含铜15%，含银3%，含金2%的金属合金（未经锻造，非货币使用） 答案：7108.1200 7. 按质量计，铜80%，银12%，金5.0%，钯1.5%，铑1.5%的合金粉末 8. 铜制的酒杯，外层包银 9. 银制的戒指，外表镀金 10. 铜制镀金佛像 11. 铜制包金观音像

"包贵金属"和"镀贵金属的贱金属"的归类

1. 包贵金属是指以贱金属为底料,在其一面或多面焊接、熔接、热轧或类似机械方法覆盖一层贵金属的材料。
2. "包贵金属"跟"镀贵金属的贱金属"的区别:
   包贵金属通过焊接、熔接、热轧等机械方法制得;表面镀贵金属的贱金属通过电镀的化学方法制得。
3. 包贵金属的覆盖层无论多薄都应按贵金属归入 71 章。而表面镀贵金属的贱金属无论镀层多厚都按内部的底料来归类(7117、7118 的品目除外)。

参见:第 71 章章注七。

首饰和仿首饰的归类

1. "首饰"是指:
   (1)个人用小饰物(不论是否镶嵌宝石)。
   (2)通常放置在衣袋、手提包或佩戴在身上的个人用品。

参见:第 71 章章注九。

2. "仿首饰"是指由非珠宝、由非贵金属制成的物品。注意:只要是非贵重金属、非珠宝制成的首饰则是仿首饰,按仿首饰归类归入 7117。

硬币的归类

归入本章 7118 的硬币,既可以用贵金属制成,也可以用贱金属制成。

12. 铜为底料的包金戒指

13. 一种戴在手腕处的装饰品,用樟木制成圆珠状,再用线串成
14. 镀金铜戒指
15. 制成"如意"形状的玉挂件
16. 星海公园出售的用贝壳做成的手链

17. 在 2012 年为纪念女王伊丽莎白二世登基 60 周年英国王室发行的纪念金币
18. 在 2010 年上海世博会期间发行的纪念币,贱金属制
19. 欧元硬币,供流通用

提高训练

Better Performance:运用归类技巧和方法,查询商品编码。

1. 天然已分级黑珍珠
2. 钻石,工业用,未加工

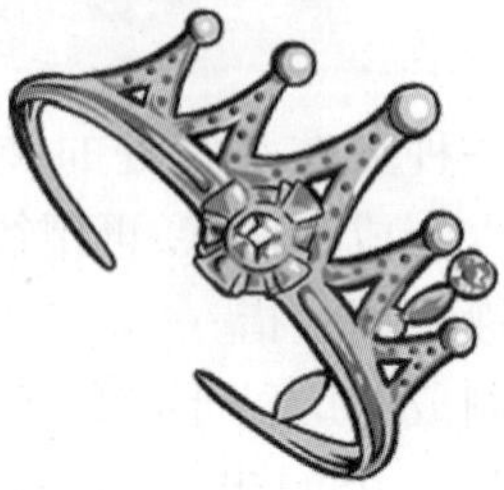

3. 钯粉
4. 黄金制镶嵌钻石的戒指
5. 天然珍珠制项链
6. 塑料制的项链
7. 纯银制酒壶和酒杯,成套出售
8. 金银铂合金粉,其中铂占 30%、金占 20%、其余为银
9. 铑 1%、钯 1.2%、银 97.8%的合金粉

10. 珍珠耳钉
11. 胶态贵金属
12. 砂布
13. 经抛光加工的蓝宝石,用作唱针
14. 塑料制的发夹

(试题部分选自海关教材配套辅导丛书及考试网)

Note

任务十五

第十五类　贱金属及其制品

任务描述

1. 熟悉第十五类商品的基本结构和归类方法。
2. 能够查询第十五类商品的编码。

任务准备

熟悉第十五类商品的基本结构。

- 本类商品共分 12 章(第 72 章至 83 章),包括贱金属、金属陶瓷及它们的制品,可以分为三部分。
- 1. 钢铁及其制品(第 72 章–第 73 章)。
- 2. 有色贱金属、金属陶瓷及其制品(第 74 章–第 81 章)。
- 3. 其他结构较为简单的贱金属制品(第 82 章–第 83 章)。

基础训练

Basic Practice:查询商品编码,学会归类技巧和方法。

<table>
<tr><th>技巧/方法 Skill/Function</th><th>能力训练 Practice</th></tr>
<tr><td>“通用零件”的归类
1.“通用零件”的范围适用整个 H. S. 商品目录。
2. 单独进出口的“通用零件”,即便其本身用途、尺寸有专用性,仍不能作为制品的零件归类,应归入“通用零件”的相应品目。
3. 钢铁制的通用零件归入第 73 章,有色贱金属制的通用零件归入第 74 章至 81 章中相应品目。
4. 类注 2(3)所指的第 83 章的通用零件可以是任何种类的贱金属制的零件。
参见:第十五类类注二。</td><td rowspan="2">1.“钢铁制的摩托车用的滚子链”
2.“汽车专用的簧片”
3. 钢制的挂锁
4. 铜制的挂锁
5. 合金铝制的挂锁

6. 按质量计含铁 80%,含铜 18%,含金 2% 的金属合金(未经锻造,非货币使用)
7. 按质量计,含铅为 99.9%,含锑为 0.06%,含锡为 0.02%,含铁为 0.02% 的含金锭(未锻轧)</td></tr>
<tr><td>贱金属合金的归类
1. 本类贱金属与贵金属的合金:如果合金中没有一种贵金属的质量达到合金质量的 2%,这种合金应作为贱金属归类。
2. 本类贱金属之间形成的合金:除铜母合金(铜含量占 10%)和铁合金(铁含量占 4%)以外,这类合金应按其所含质量最大的金属归类。
3. 贱金属与非本类元素(贵金属除外)构成的合金,只有本类贱金属的总质量等于或超过其他类元素的总质量时才归入本类。</td></tr>
</table>

贱金属合金制品的归类

含有两种或两种以上贱金属的制品,应按其所含质量最大的那种贱金属的制品归类。

钢及钢材的归类

1. 钢按照所含元素的不同分为非合金钢和合金钢。
2. 非合金钢,一般只含碳元素,也叫碳钢。
3. 合金钢,除碳元素外还含有其他元素,主要包括:
   (1)不锈钢:主要含铬合金钢。
   (2)硅电钢:主要含硅的合金钢。
   (3)高速钢:主要含钨、钒、钼等的合金钢。
   (4)硅锰钢:主要含硅及锰的合金钢。
   (5)其他合金钢:加入不同元素,性质不同。

钢铁容器的归类

1. 盛装物料用的钢铁囤、柜、罐、桶、盒及类似容器一般按其容积的不同归入 7309 - 7310,且一般是非家用容器。
2. 家庭用或厨房用的钢铁容器归入 7323。

钢铁钉的归类

钢铁钉分为如下几种进行归类:

1. 普通钢铁钉、平头订、图钉。
2. 订书机用的订书钉。
3. 带有铜或铜合金钉头的钢铁钉、平头钉。
4. 钢铁制螺钉、普通铆钉(实心的)。
5. 管形铆钉/开口铆钉(主要用于衣着、鞋帽、帐篷、皮革制品和工程技术)。

成套工具及餐具的归类

1. 成套工具,若由品目 8205 中不同种类的货品构成的仍归入该品目内。
2. 成套工具,若由品目 8202 - 8205 中两个或多个品目所列工具组成的零售包装,归入 8206。
3. 成套刀具,由品目 8211 中不同种类的刀构成,则仍归入该品目内。
4. 成套餐具,由品目 8211 中的一把或多把刀具与品目 8215 至少数量相同的物品构成,以及由品目 8215 中不同种类的贱金属构成的,归入 8215。

贱金属制品的归类

贱金属制的第 82 章、83 章列明的制品,应优先归入这两章,不按材料归入 72 - 81 章。

8. 硅铁合金(硅含量占 80%,铁含量占 10%,锰 10%)
9. 一种铁合金,含硅 18%,含钨 5%,含碳 2%
10. 烟灰缸,铝制的托盘(40%),不锈钢制的底座(30%),铁制的内层托盘板(30%)
11. 不锈钢丝
12. 高速合金钢丝
13. 热轧铁平板材,卷状,经酸洗,厚度 5 毫米,宽度 800 毫米
14. 冷轧铁平板材,卷状,厚度 2 毫米,宽度 800 毫米,未包覆、镀层或涂层,屈服强度 375 牛顿/平方米
15. 表面镀锌非合金钢丝
16. 不锈钢热轧平板卷材,厚度 1 毫米,宽度 500 毫米
17. 不锈钢制的茶叶罐
18. 粗腰饼干桶,不锈钢制
19. 搪瓷盆
20. 用于装氧气的钢瓶,1000 毫升
21. 图钉,钢铁制
22. 成条的订书钉
23. 钢铁制图钉,铜头
24. 方头螺钉,钢铁制
25. 管形铆钉,钢铁制
26. 由 8 把不锈钢西餐刀具和 8 把不锈钢制西餐用餐叉组成的成套餐具
27. 零售包装的成套工具(内有钳子、锤子、螺丝刀、扳手、凿子、白铁剪等)
28. 螺丝刀,钢铁制
29. 铝制的易拉罐盖儿
30. 指甲剪,不锈钢制

提高训练

Better Performance：运用归类技巧和方法，查询商品编码。

1. 家用不锈钢剪刀
2. 订书机用订书钉，钢铁制 7317
3. 铜制螺母
4. 铸铁（表面搪瓷）浴缸
5. 铝织针（手工织毛衣用）
6. 含有放射性物质（镭）的金属陶瓷
7. 合金制的镊子
8. 手动理发推剪
9. 由螺丝刀、扳手、手工锯、锤子组成的成套工具
10. 铝制钥匙
11. 外径 20 厘米、内径 12 厘米的钻探石油的无缝钢管
12. 空心圆截面钢管，外直径 40 毫米，内直径 15 毫米，适合钻探用
13. 铸铁圆井盖（马路旁下水道用）
14. 钢铁制图钉
15. 钢铁制搪瓷浴缸
16. 浴室淋浴用的不锈钢软管
17. 铁皮制门牌
18. 景泰蓝花瓶
19. 铝合金制的法兰
20. 铝合金制移动拉门的导轨

（试题部分选自海关教材配套辅导丛书及考试网）

知识链接

景泰蓝

用紫铜做成器物的胎，把铜丝掐成各种花纹焊在铜胎上，再添上珐琅彩釉烧制而成。所以景泰蓝属于贱金属制品而非陶瓷制品。

Note

任务十六

第十六类 机器、机械器具、电气设备及其零件；录音机及放声机、电视图像、声音的录制和重放设备及其零件、附件

任务描述

1. 熟悉第十六类商品的基本结构和归类方法。
2. 能够查询第十六类商品的编码。

任务准备

熟悉第十六类商品的基本结构。

- 第十六类商品是机械电子产品。共有两章:84 章和 85 章。
- 第 84 章主要包含非电气的机器、机械器具及其零件。
- 第 85 章主要包含电气电子产品及其零件。

基础训练

Basic Practice:查询商品编码,学会归类技巧和方法。

技巧/方法 Skill/Function	能力训练 Practice
非电气的机械器具的归类 第 84 章共有 87 个品目,结构如下: 1. 8401 – 8424 范围主要是按货品所具有的功能排列。 2. 8425 – 8478 范围是按货品所应用的产业部门(用途)排列。 3. 8479 – 8487 范围为一些热加工用的模具和通用的机械零部件。	1. 发动机 2. 液体泵 3. 压缩机 4. 空调 5. 砑光机 6. 离心机 7. 包封机械 8. 饮料充气机 9. 家用电动器具、发动机、电热器具 10. 磁带、磁盘等 11. 电视的收发设备 12. 电阻、电容、二极管、晶体管 13. 电路的开关 14. 灯泡 15. Hair 双开门节能电冰箱 16. 电冰箱用压缩机 17. 电冰箱用壳体
电气的机械器具的归类 第 85 章共有 48 个品目,结构如下: 1. 8501 – 8531 的电气电子设备。 2. 8532 – 8548 各种电子元器件及电气零件。 注意:空调、冰箱不按电器归入 85 章。	
机器零件的归类 1. 通用零件,按第十五类类注二进行归类。 2. 第 84、85 章具体列名的通用零件,按具体列名归类。 3. 专用零件,归入整机的零件专号。 4. 目录既没有列名,又难以确定主要用途的机器零件,考虑归入 8487 或 8548(未列名的机电零件)。 参见:第 16 类类注二。	

<table>
<tr>
<td>可归入多个品目的机器或零件的优先归类原则
1. 当出现既可按功能归入 8401 – 8424，又可按用途归入 8425 – 8478 的情况时，根据 84 章章注二优先按功能列名归入 8401 – 8424。
※2. 注意：当机床既符合品目 8456 的规定，又符合品目 8457 – 8465 的规定，应归入 8456。</td>
<td rowspan="3">18. 用于纺织工业的整理轧布机（滚压机）
19. 用激光切削金属的钻床
20. 工业用火腿蒸煮器
21. 具有冷热水功能的饮水机
22. 番茄酱的成套加工设备，由番茄破碎设备、番茄汁浓缩设备、杀菌设备、电气控制柜等组成</td>
</tr>
<tr>
<td>组合机器和多功能机器的归类
1. 按机器的主要功能归类。
2. 当不能确定其主要功能时，按从后归类的原则归类。
参见：第 16 类类注三。</td>
</tr>
<tr>
<td>功能机组的归类
1. 组合后的功能明显符合第 84 章或 85 章某个品目所列功能时，按其功能归入品目。
参见：第 16 类类注四。</td>
</tr>
</table>

提高训练

Better Performance：运用归类技巧和方法，查询商品编码。

1. 地铁内投币式自动售票机
2. 轿车用排气量 1.3 升汽油发动机（往复式活塞发动机）
3. 功率为 40 瓦的台扇
4. 造纸工业用磨浆机
5. 面包房用非电热烤炉

6. 自动扶梯
7. 电脑用显示卡
8. 办公用订书机
9. 燃气快速热水器

10. 播种机
11. 脚踏式打气筒
12. 可插入数码相机的内存卡、不经电脑即可打印照片的喷墨打印机
13. 家用净水器
14. 卫生纸巾自动包装机（用于纸巾定型、捆扎、包边、封口、整理的设备）
15. 混凝土搅拌机

16. 电动牙刷
17. 家用电热毯
18. 家用电吹风
19. 电卷发器
20. 蓝牙耳机
21. 空白磁条卡
22. 水下电视摄像机
23. 小轿车用自动换挡变速箱
24. 织布机用梭子
25. 龙门式起重机
26. 用激光加工金属的机床
27. 空调用压缩机(电动机额定功率为800 瓦)
28. 大理石抛光机
29. 家用电源插座
30. 路由器
31. 碾米机,用于将大米去皮
32. 食品加工行业用的饼干烘焙炉(非电热)
33. 清洗家用纯净水桶的设备
34. "康师傅"冰红茶的自动灌装设备
35. 化学实验中用于将固体沉淀于溶剂加以分离的离心机
36. 通过过滤作用去除杂质、细菌的家用净水器

(试题部分选自海关教材配套辅导丛书及考试网)

Note

任务十七

第十七类　车辆、航空器、船舶及有关运输设备

任务描述

1. 熟悉第十七类商品的基本结构和归类方法。
2. 能够查询第十七类商品的编码。

任务准备

熟悉第十七类商品的基本结构。

- 本类商品共 4 章，由第 86 章、87 章、88 章和 89 章组成。
- 第 86 章：各种铁道、电车道用车辆及气垫火车。
- 第 87 章：其他陆上车辆，包括气垫车辆。
- 第 88 章：航空、航天器。
- 第 89 章：船舶、气垫船及浮动结构体；还包括与运输设备有关的具体列名的货品，如集装箱，某些铁道或电车轨道固定装置和机械信号设备，降落伞，航空器发射装置等。

技巧/方法 Skill/Function	能力训练 Practice
客车、货车的归类（重点） 1. 客车（用于载人的车辆）的归类： （1）10 座及以上的客车（包括驾驶座）：根据发动机类型和座位数等因素归入 8702。 （2）10 座以下的客车（包括驾驶座）：按用途、发动机类型、汽缸容量等因素归入 8703。 注意：归类的时候折叠椅作为一个座位计算。 2. 货车（用于载货的车辆）的归类：按发动机类型和车辆总质量归入税目 8704。 ※汽油发动机为点燃式，柴油发动机为压燃式。	1. 8 座 2.5 升汽油发动机的面包车 2. 使用柴油发动机的 50 座的旅游大巴 3. 排气量 4.0 的 5 座奔驰轿车（汽油发动机） 4. 由青泥洼桥开往泉水快轨站的 303 路公交车，30 座，柴油发动机 5. 厢式货车，柴油发动机，总质量 15 吨
特殊用途车辆的归类（重点） 1. 对于不是以载人或装物为主要目的特种车辆归入 87.05。例如：消防车、抢修车、起重车、混凝土搅拌车、道路清洁车、喷洒车等。 2. 对于以载人、载货为主要目的特殊车辆不能按特种车辆来归类，要归入相应的品目 87.02－87.04。例如：以载人为主要目的的特殊用途车辆有囚车、警车、灵车、赛车、雪地车等。以载货为主要目的特殊车辆有冷藏货车、运钞车、自动装卸货车等。	6. 2.0 升排气量的“起亚”轿车用刹车踏板 7. 装有高压水泵，并配有水炮、云梯等装置的救火车 8. 流动放射线检查车（总重 5 吨，汽油发动机） 9. 警车（5 座，汽油发动机） 10. 运钞车（汽油发动机） 11. 垃圾车（总重 4.5 吨，柴油发动机）

机动车辆底盘的归类

1. 只有底盘的,按零件来归类,归入 87.08。
2. 只有发动机 + 底盘的 87.06。
3. 发机动 + 底盘 + 驾驶室。已经构成“完整品或制成品”的基本特征,按整车来归类,归入品目 87.02 至 87.04。

摩托车和自行车的归类

摩托车归入 8711,自行车归入 8712。

“零件”或“附件”的归类(重点)

1. 根据类注二,其他类已具体列名的零件、附件不归入本类。常见的有第 84、85 章列名的机电产品;十五类的“通用零件”及塑料制的类似品。
2. 同时符合这几章内两个或两个以上品目规定的零件、附件,应按其主要用途归入相应的品目。
3. 注意:(1)汽车零件(8708)的子目是按照前面整车的类型排列的,因此要先确定整车的编码,才能确定其零件。(2)第 89 章不包括零件、附件,即使能确定专用于或主要用于船舶也不能归入 89 章,一般按主要用途归入前面各章。

参见:第 17 类类注二、类注三。

12. 货车用底盘(装有汽油发动机、驾驶室,车辆总重 6 吨)
13. 解放牌货车底盘,装有柴油发动机,车辆总质量为 10 吨
14. 电动自行车
15. 儿童脚踏车
16. 自行车车座
17. 汽车发动机
18. 卡车用的变速箱(车辆总吨为 15 吨,柴油发动机)
19. 旅行车用铁制行李架
20. 自行车上的铃
21. 飞机座椅
22. 汽车挡风玻璃刮水器
23. 汽车防盗报警器
24. 汽车上的后视镜
25. 船舵机

提高训练

Better Performance:运用归类技巧和方法,查询商品编码。

1. 尚未装有坐垫的山地自行车
2. 30 座客车用变速箱
3. 游乐场里的碰碰车
4. 装有压燃式活塞内燃发动机、气缸容量(排气量)为 2,000 毫升的四轮驱动越野车
5. 装有点燃往复式活塞内燃发动机的快餐车
6. 货车(柴油发动机),车辆自重与最大设计载荷质量的总和为 5 吨

7. 装有发动机的汽车起重机底盘
8. 装有 18 个座位和 4 把折叠椅的普通中巴客车（汽油发动机）
9. 长途客运车辆（50 座，柴油发动机）安装的防抱死制动系统（ABS）
10. 儿童玩具气球
11. 可兼作地面车辆的航空器（空载质量 3,000 千克）
12. 机动残疾人车
13. 26 英寸普通自行车
14. 机场用飞机加油车
15. 电视转播车
16. 武器装备齐全的水陆两用坦克
17. 铁道抢修车
18. 40 英尺集装箱
19. 铁道机车煤水车
20. 空载质量为 3 吨的军用直升机
21. 气象卫星
22. 飞机起落架
23. 机动火车渡轮
24. 潜艇
25. 内河用航标
26. 可装 5 000 个标准集装箱的机动船舶
27. 浮船坞
28. 在水上行驶的气垫运输工具
29. 船舶舷外发动机（点燃往复式活塞内燃发动机）
30. 农用三轮车，总质量 3 吨，排气量 1500 毫升，柴油发动机

（试题部分选自海关教材配套辅导丛书及考试网）

Note

任务十八

第十八类　光学、照相、电影、计量、检验、医疗或外科用仪器及设备、精密仪器及设备；钟表；乐器；上述物品的零件、附件

任务描述

1. 熟悉第十八类商品的基本结构和归类方法。
2. 能够查询第十八类商品的编码。

任务准备

熟悉第十八类商品的基本结构。

- 本类商品共3章。由第90章、第91章和第92章所组成。
- 本类所包括的货品有:第90章的光学、照相、电影、计量、检验、医疗用仪器及设备,精密仪器及设备;第91章的钟表;第92章的乐器,以及分列于各章的上述货品的零件、附件。

基础训练

Basic Practice:查询商品编码,学会归类技巧和方法。

技巧/方法 Skill/Function	能力训练 Practice
第90章的结构规律: 1. 光学仪器设备 (1)简单光学元件………………… 品目9001-9002 (2)简单光学器具………………… 品目9003-9005 (3)复杂光学器具………………… 品目9006-9013 2. 计量、测绘等仪器及器具 ……………………………………………… 品目9014-9017及9028、9029 3. 医疗仪器及器械 ………………… 品目9018-9022 4. 专供示范而无其他用途的仪器、装置及模型 ……………………………………………… 品目9023 5. 其他测试分析仪器及自动调节和控制装置……………………………… 品目9024-9027、9030-9032	1. 检验血液的生化分析仪器 2. 发动机测试台 3. 测试频率在400兆赫兹至800兆赫兹范围的阴极射线通用示波器 4. 医疗用B型超声波诊断仪 5. 经过电镀处理的贱金属眼镜架 6. 万次闪光灯 7. 电子显微镜 8. 绕在卷轴上的光导纤维 9. 速度传感器 10. X射线治疗仪(治疗肿瘤用)
光学仪器的归类 1. 光学仪器一般按其功能和用途归入品目9005-9013。 2. 品目9005-9013也包括部分不属于光学仪器的设备。	11. 经光学加工的隐形眼镜片 12. 已经装配的用于显微镜的物镜 13. 已装框的放大镜 14. 香奈儿时尚墨镜

医疗器械及器具的归类

1. 一般归入 9018－9022。主要根据其工作原理、特性及用途归类。
2. 有部分医疗仪器已在其他品目列名,对于在其他品目列名的医疗仪器应归入具体列名品目。

关于仪器装置的零件、附件的归类

1. 首先判断是否属于第 90 章、84 章、85 章和 91 章列名的零件、附件(通用零件),如果是,则归入相应的品目。
2. 如果不属于列名的零件、附件,接下来判断是否主要用于或专门用于本章的零件、附件。如果是则归入仪器装置的品目。如果不是,则归入 9033 的品目。

参见:第 90 章章注二。

钟表及计时器具的归类

1. 第 91 章的排列结构为:完整品－不完整品(如钟表芯)－零件;但某些钟表的零件已在章注一中排除。
2. 品目 9101 和 9102 的区别:

名称	归类
表壳全部用贵金属或包归金属制得的表	9101
表壳用贵金属或包贵金属以外的材料制得的表	9102
表壳用贵金属或包归金属制得的表,但其背面用钢制成	9102
表壳用镶嵌贵金属的贱金属制得的表	9102

参见:第 91 章章注一。

15. 看演唱会使用的双筒望远镜
16. 印刷制版用的电子分色机
17. 电子显微镜
18. 液晶显示板
19. 核磁共振检查仪
20. X 射线断层检查仪(CT)
21. 测试体温的体温表
22. 眼底照相机
23. 医疗用 B 型超声波诊断仪
24. 已制成特定形状的 B 型超声波诊断仪的外壳
25. 指针式电子怀表(表壳用贵金属、背面用钢制成的)
26. 钟表滚珠轴承(调心球轴承)
27. 表壳镀金的自动上弦的机械手表

提高训练

Better Performance：运用归类技巧和方法，查询商品编码。

1. 带有电气拾音及扩音器的吉他（无电气装置仍可演奏）
2. 塑料制落地式乐谱架
3. 玳瑁壳制眼镜架
4. 指南针

5. 体温计
6. 带有针头的一次性医用注射器
7. 心脏起搏器
8. 数字式电影放映机
9. 立体光学显微镜
10. 天文折射望远镜
11. 汽车速度计数器
12. 贵金属制的假牙
13. 感量为 10 毫克的天平
14. 普通英石手表
15. 黄金制的表壳
16. 包贵金属制成的秒表
17. 二胡

18. 吉他弦
19. 用于测电压、电阻等的电子万用表
20. 潜艇用潜望镜式望远镜

（试题部分选自海关教材配套辅导丛书及考试网）

知识链接

Hip – Pop

hip – hop 是起源于 20 世纪 60 年代。源自于美国街头的一种黑人文化，也泛指 rap（说唱乐）。hip – hop 文化的五种表现方式包括 rap（有节奏、押韵地说话）、b – boying（街舞）、dj – ing（玩唱片及唱盘技巧）、graffiti writing（涂鸦艺术）、beat – box（口技）。1961 年 5 月 15 日出生于纽约布朗克斯区的 Melle Mel 是第一个称自己是“MC”的说唱歌手，他当时为了取笑一个刚入伍的朋友，就唱“hip/hop/hip/hop”来形容他朋友以后即将面对的军队队列训练，“练步伐的时候不就是‘屁股一颠一颠的嘛’，那不就是‘Hip Hop’嘛。”

指南针(Compass)

又称指北针。指南针的前身是中国古代四大发明之一的司南。早在两千多年前的战国时期,人们利用磁石指示南北的特性制成了指南工具——司南。但是,战国时期的司南是什么样子已无从考证。

Note

任务十九

第十九类　武器、弹药及其零件、附件

任务描述

1. 熟悉第十九类商品的基本结构和归类方法。
2. 能够查询第十九类商品的编码。

任务准备

熟悉第十九类商品的基本结构。

- 本类只有 1 章,第 93 章。
- 主要包括供军队、警察或其他组织的机构(海关、边防等)在战斗中使用的各种武器,个人自卫、狩猎等用的武器等。

基础训练

Basic Practice:查询商品编码,学会归类技巧和方法。

技巧/方法 Skill/Function	能力训练 Practice
武器、弹药及其零件、附件的归类 1. 其他章已列名的武器及零件归入其他章。 参见:93 章章注一(一)(四);93 章章注二。 2. 装甲战斗车辆不能作为武器归入该章。	1. 击剑运动用剑 2. 从古墓中出土的秦代士兵佩剑 3. 坦克 4. 狙击手用步枪上的望远镜瞄准具

提高训练

Better Performance:运用归类技巧和方法,查询商品编码。

1. 大厦保安配备的警棍
2. 冲锋枪
3. 猎枪子弹
4. “海豹突击队”专用匕首
5. 军事演习时使用的手榴弹

(试题部分选自海关教材配套辅导丛书及考试网)

知识链接

AK 47 突击步枪

苏联传奇枪械设计师米哈伊尔·季莫费耶维奇·卡拉什尼科夫成名之作。俄语全称为 Автомат Калашникова образца 1947 года,A 是俄语里自动步枪的第一个字母,K 则是卡拉什尼科夫名字的第一个字母,47 是出厂年份,意为“卡拉什尼科夫 1947 年定型的自动步枪”。由于其具有杀伤力大、坚固耐用、结构简单等众多特点,一度成为包括美国在内的世界各国士兵最喜爱的步枪。

大规模杀伤性武器(weapons of mass destruction)

“大规模杀伤性武器”指用来大规模屠杀的武器,一般针对的是平民。该词最早出现于 1937 年,德国在西班牙内战中针对非军事目标进行战略轰炸,在当时只是指这种轰炸行为。在冷战时期,“大规模杀伤性武器”指的是核武器。1991 年的联合国安理会第 687 号决议第一次将核武器、生物武器和化学武器并称为大规模杀伤性武器。大规模杀伤性武器不具备实用性,因为一旦使用就意味着对方也将以类似武器回击,伤害规模之大足以摧毁整个人类文明。

Note

任务二十

第二十类　杂项制品

任务描述

1. 熟悉第二十类商品的基本结构和归类方法。
2. 能够查询第二十类商品的编码。

任务准备

熟悉第二十类商品的基本结构。

- 本类的杂项制品是指前边各类未包括的货品。共有 3 章。
- 第 94 章:各种家具、寝具、其他章未列名灯具及活动板房等。
- 第 95 章:各种玩具、运动或游戏用设备等。
- 第 96 章:雕刻或模塑制品,扫把、刷子和筛,书写及办公用品,烟具,化妆品用具及其他品目未列名的物品。

基础训练

Basic Practice:查询商品编码,学会归类技巧和方法。

<table>
<tr><th>技巧/方法 Skill/Function</th><th>能力训练 Practice</th></tr>
<tr><td>家具及其零件的归类:9401 -9403
1. “专用的特制家具”的归类:
参见:94 章章注一(五)(七)(十一)。
2. 落地式可移动家具,落地式或悬挂的、固定在墙壁上叠摞的碗橱、书柜、其他架式家具、坐具及床归入 9401 -9403。
例外:落地灯。
参见:94 章章注二。
3. 品目 9401 -9403 的家具可用木、柳条、竹、藤、塑料、贱金属、玻璃、皮革、石、陶瓷等材料制成。</td><td rowspan="2">1. 作为缝纫机台架用的家具
2. 超市里用于存储和展销奶制品的陈列柜,自身装有冷藏设备
3. 台球桌
4. 刘谦魔术使用的专用桌子
5. 固定在墙壁上的木质碗橱
6. 酒吧使用的可调整高度的旋转座椅
7. 百货商场的化妆品柜台(玻璃制)
8. 橡胶制供纳凉用的水床
9. 鸭绒被
10. 鸭绒被套(棉质,印有大嘴猴的图案)
11. 狗用橡胶玩具
12. 做成小狗形状的毛绒玩具
13. 单独购买的芭比娃娃春款新装</td></tr>
<tr><td>品目 9404“床上用品及寝具”的归类
1. 装有弹簧或内部填充任何材料,或用海绵橡胶或泡沫塑料制成的床上用品及寝具,归入 9404。
2. 未装有内部填充物的床上用品及寝具,归入 63 章。</td></tr>
</table>

玩具的归类:9503
儿童乘骑的带轮玩具,玩偶车,玩偶及其零件、附件和其他供儿童或成人娱乐用的各种智力玩具或其他玩具均归入品目 9503;但宠物玩具除外。
参见:95 章章注五。

体育用品和游乐场用娱乐设备的归类:
1. 一般体育用品归入 9506 - 9507;游乐场用娱乐设备归入 9508。
2. 体育用品按不同的用途归入不同的子目。

“杂项制品”的归类
1. 96 章“纽扣、拉链、梳子的归类”
不考虑材料,直接归入 9606、9607 或 9615。
2. 品目 9601 及 9602“动物质、植物质、矿物质雕刻材料及其制品的归类”。
3. 裁缝用和商品陈列或广告宣传用的人体活动模型归入 9618,专供示范用模型归入 9023。

14. “白雪公主城堡”玩具屋,高 1.5 米

15. 可充气的篮球
16. 草地网球
17. 乒乓球
18. 高尔夫球
19. 羽毛球
20. 游乐场用碰碰车
21. “谭木匠”梳子
22. 装在牛仔裤上的金属拉链
23. 塑料纽扣
24. 珊瑚(未加工)
25. 已制成工艺品的珊瑚
26. 用于大小便失禁的成人尿布

提高训练

Better Performance:运用归类技巧和方法,查询商品编码。

1. 商场试衣间里的落地镜
2. 宜家出售的用藤条编制的鞋架
3. 明星演唱会用的灯牌
4. 用来装饰圣诞树的成套灯具
5. “汤姆熊”里的抓娃娃机,通过代币使其工作
6. 家庭用跑步机
7. 旋转木马
8. 用蜡制作的快餐食品的模型
9. 小学生书法课使用的“小狼毫”毛笔
10. 商场橱窗中用于展示服装的塑料模特

(试题部分选自海关教材配套辅导丛书及考试网)

知识链接

旋转木马

最早记录的旋转木马出现于拜占庭帝国时期。约1860年欧洲出现第一个以蒸汽推动的旋转木马。有人说旋转木马是见证两个相爱的人的爱情游戏。只要两个真心相爱的人同时坐在旋转木马上，木马就会载着他们到一个完美的天堂，他们的爱情就会天长地久。

拉链(zipper)

又称拉锁。它是近代方便人们生活的十大发明之一。

拉链的出现是一个世纪之前的事。当时，在欧洲中部的一些地方，人们企图通过带、钩和环的办法取代纽扣和蝴蝶结，于是开始进行研制拉链的试验。拉链最先用于军装。第一次世界大战中，美国军队首次订购了大批的拉链给士兵做服装。但拉链在民间的推广则比较晚，直到1930年才被妇女们接受，用来代替服装的纽扣。

Note

任务二十一

第二十一类 艺术品、收藏品及古物

任务描述

1. 熟悉第二十一类商品的基本结构和归类方法。
2. 能够查询第二十一类商品的编码。

任务准备

熟悉第二十一类商品的基本结构。

- 本类只有 1 章,第 97 章。一般归入本类的商品要具有一定的收藏价值,包括艺术品、收藏品以及超过 100 年的古物。

基础训练

Basic Practice:查询商品编码,学会归类技巧和方法。

<table>
<tr><th>技巧/方法 Skill/Function</th><th>能力训练 Practice</th></tr>
<tr><td>珍珠、宝石、半宝石及其制品的归类
超过 100 年的天然或养殖珍珠、宝石和半宝石优先归入 71 章,而不归入 9706。
参见:97 章章注一(三)。</td><td rowspan="3">1. 慈禧太后戴过的天然珍珠制项链
2. 采于 1900 年的一颗天然黑珍珠
3. 在西安秦始皇陵兵马俑销售的供旅游纪念的“兵马俑”石膏小雕像
4. 美国自由女神像(1886 年)

5. 收藏的已盖戳印花税票
6. 邮局出售的供寄信用的邮票(未使用)

</td></tr>
<tr><td>雕版画、印制画、石印画原本和雕塑品原件的归类
1. 只有完全用手工制作的印版直接印制出的原本才归入品目 9702,而使用机器或照相制版方法制作的印版印制的原本不能归入本品目。
2. 只有各种材料制的雕塑品原件才归入品目 97.03,而成批生产的复制品不能归入本品目。
参见:97 章章注二、章注三。</td></tr>
<tr><td>邮票及类似品的归类
品目 9704 只包括使用过的邮票或未使用过但必须是我国不承认其面值且在其他国家流通的邮票,而对于我国发行流通的未经过使用的邮票则应归入品目 4907。
参见:97 章章注一(一)。</td></tr>
</table>

超过 100 年的古物的归类

1. 优先归类品目:超过 100 年的 9701 - 9705 的物品优先归入 9701 - 9705,而不应归入 9706。
2. 在第 97 章中,品目 97.06 仅适用于不能归入本章其他各品目的货品。

参见:97 章章注四。

7. 卢浮宫展出的达 · 芬奇的《蒙娜丽莎》
8. 清朝的黄花梨木家具
9. 18 世纪造的钢琴
10. 超过 100 年的油画原件,有收藏价值

提高训练

Better Performance:运用归类技巧和方法,查询商品编码。

1. 临摹的清明上河图(已装框)
2. 收藏的乾隆通宝

3. 银杏叶标本
4. 三峡工程设计图纸
5. 悬挂于教学楼一楼大厅的校园风貌印制画(照相制版)
6. 贝多芬使用过的钢琴

(试题部分选自海关教材配套辅导丛书及考试网)

知识链接

世界著名雕塑作品

1.《掷铁饼者》(作者:米隆)

作于约公元前 450 年,原作已佚,现为复制品。

2. 大卫(作者:米开朗基罗)

创作于公元 1501 – 1504 年,现收藏于佛罗伦萨美术学院。

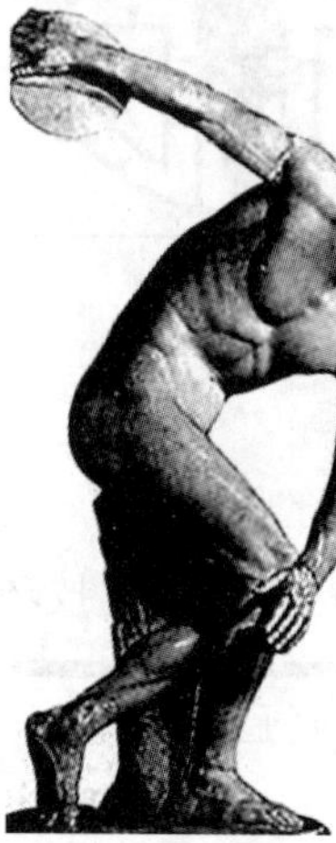

3. 维纳斯(作者:亚力山德罗斯)

创作于约公元前 150 年左右,现收藏于法国巴黎卢浮宫。从雕像被发现的第一天起,就被公认为是迄今为止希腊女性雕像中最美的一尊。

4. 雅典娜神像(作者:菲狄亚斯)

雅典娜为雅典城的守护神,也是代表智慧的女神。原作为巴底农神庙大殿的主像,全身高达 13 米,用银白色大理石雕成,局部镶嵌着象牙与黄金,可惜在拜占庭帝国时代被毁坏。

世界著名雕塑作品

5. 狮身人面像

也称为《斯芬克司像》。高约 20 米，长 57 米，约创作于公元前 2500 年，现位于埃及吉萨。他的下颌原来还有一部庄严的胡须，但后来由于炮击而跌落，现收藏于英国大不列颠博物馆。

6. 思想者(作者:罗丹)

原为《地狱之门》组塑的一部分，后翻铸成铜像。《地狱之门》取材于但丁的《神曲》，思想者是罗丹用以象征但丁的形象。

兵马俑(the Terra－cotta Warriors and Horses)

是古代墓葬雕塑的一个类别。兵马俑即制成兵马(战车、战马、士兵)形状的殉葬品。秦始皇陵兵马俑位于今西安市临潼区,是秦始皇嬴政陵墓一部分。1987 年被列入世界文化遗产的保护名录。

Note

项目三　商品归类综合训练　3

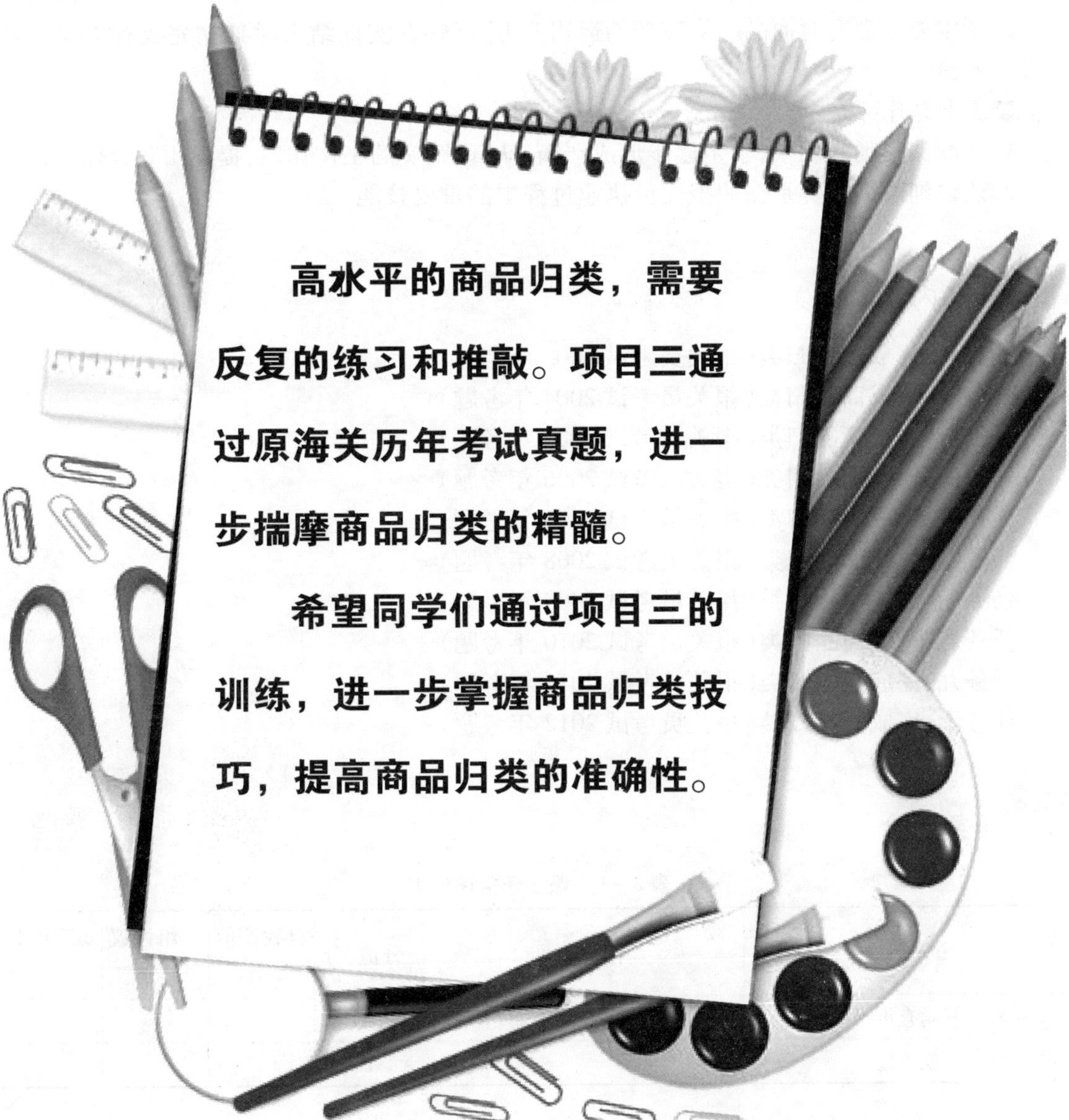

高水平的商品归类，需要反复的练习和推敲。项目三通过原海关历年考试真题，进一步揣摩商品归类的精髓。

希望同学们通过项目三的训练，进一步掌握商品归类技巧，提高商品归类的准确性。

项目描述

按照 H. S. 结构特点，遵循商品归类规则，综合运用商品归类的技巧，完成复合查询练习。

项目目标

➲技能学习目标

1. 学生通过完成《商品归类》历年试题，循序渐进地对 21 大类商品的归类融会贯通，能够在实训结束时达到 60% 以上的归类准确率。

2. 学生充分提高对商品归类技巧的运用能力，能够在实训结束时独立完成有关实训技能技巧的总结。

➲素质提升目标

1. 在商品归类实训中，学生逐步形成严谨、认真、踏实的工作作风，提高团队合作意识；

2. 认识到商品归类是在职报关员执业过程中的重要技能。

任务内容

任务一：完成商品归类（报关员考试 2003 年考题）

任务二：完成商品归类（报关员考试 2004 年考题）

任务三：完成商品归类（报关员考试 2005 年考题）

任务四：完成商品归类（报关员考试 2006 年考题）

任务五：完成商品归类（报关员考试 2007 年考题）

任务六：完成商品归类（报关员考试 2008 年考题）

任务七：完成商品归类（报关员考试 2009 年考题）

任务八：完成商品归类（报关员考试 2010 年考题）

任务九：完成商品归类（报关员考试 2011 年考题）

任务十：完成商品归类（报关员考试 2012 年考题）

任务评价

表 3－1　课堂任务评价表

考评指标		考评标准	分值/分	自我评价/分	小组评议/分	实际得分/分
专业知识水平	编码查询	准确	40			
	完成速度	按时	10			

表 3－1(续)

考评指标		考评标准	分值/分	自我评价/分	小组评议/分	实际得分/分
通用能力培养	出勤	按时上课,准备就绪	10			
	道德自律	遵守纪律,维护荣誉	10			
	学习态度	认真努力,积极参与	15			
	团队分工合作	能融入集体,愿意接受任务并积极完成	15			
合计			100			
团队最佳						
团队互评						

任务一

完成商品归类

（报关员考试 2003 年考题）

1. 单独进口的羊毛针织西服背心

2. 液化煤气

3. 汽车用调频调幅立体声收放音组合机

4. 煮熟的猪肝罐头

5. 全棉染色的灯芯绒（已割绒）机织物，450 克/平方米

6. 表壳镀金的自动上弦的机械手表

7. 有机玻璃板（有机玻璃的化学名称为聚甲基丙烯酸甲酯）

8. 供早餐用的加有少量糖的燕麦片，已经烘炒加工，冲泡后即可食用

9. 氯霉素眼药水，10 毫升/支

10. 粘胶纤维短纤维制成的多股纱线，12000 分特

11. 硫酸铵化肥，以每袋 5 公斤包装

12. 用机器将回收的废“可乐”饮料瓶粉碎成的细小碎片（该饮料瓶是由化学名称为聚对苯二甲酸乙二酯的热塑性塑料制成的）

13. “帅康”牌抽油烟机（罩平面尺寸为 80 厘米 ×45 厘米）

14. 长途客运车辆（50 座，柴油发动机）安装的防抱死制动系统（ABS）

15. 针织束腰胸衣，材质按质量计棉占 90%，莱卡（氨纶）占 10%

16. 一种工业用的钯基绕组线材，直系 0.15 毫米，按质量计含银 36%、铜 4%，其余为钯

17. 按质量计含硅 35%、钡 30%、铝 3%、锰 0.4%、碳 0.3% 的铁合金

18. 炒熟的夏威夷果,250 克袋装

19. 成卷的半透明纸,宽 30 厘米

20. 计算机网络通信用的路由器

商品归类技巧总结

任务二

完成商品归类

（报关员考试2004年考题）

1. 精制的玉米油

2. 一次成像平片，未曝光

3. 精梳克什米尔羊绒制针织女式披巾

4. “菲利普”牌915型电动剃须刀

5. 上过釉的瓷砖，用于厨房、卫生间的墙面装饰，规格：15厘米×15厘米

6. 宽1米，厚2毫米的非合金钢热轧卷板，表面涂有防锈漆

7. 洗手液，400毫升塑料瓶装，含有机表面活性剂、杀菌剂、香精等成分

8. “可口可乐”饮料自动灌装机

9. 表面镀铬的铜制浴缸用水龙头

10. 家用电卷发器

11. 500克袋装的干制的小白蘑菇

12. 甜杏仁（1000克塑料瓶装，已炒熟）

13. 一种可用微波炉加热的方便快餐食品，净含量250克，其中含面条150克、鸡块50克、卷心菜30克、鱿鱼丝20克，食品已预先烧制过，装于一次性泡沫塑料盒中

14. 已制成特定形状的B型超声波诊断仪的外壳

15. 云南白药药粉，含三七等中药原料，有止血、消炎等功效，5千克装

16. 乙烯-乙酸乙烯酯-氯乙烯接枝共聚物，其中乙烯单体单元为36%、乙酸乙烯酯单体单元为24%、氯乙烯单体单元为40%，外观为白色粉末，未加增塑剂

17. 含棉 40%、涤纶短纤 40%、桑蚕丝 20%的灯芯绒(已割绒),已染色,每平方米 250 克

18. 女式雨衣,由涤纶机织物表面(单面)涂布高分子树脂的面料(涂层可明显看出)制成

19. 经研光处理的书写纸,A4 规格(21 厘米×29.7 厘米),80 克/平方米,用化学木浆制得

20. 成套的理发工具,由一个手动的理发推剪、一把木梳、一把剪刀、一把刷子组成,装于一只塑料盒中

商品归类技巧总结

任务三

完成商品归类

（报关员考试2005年考题）

1. "日立"牌彩色等离子电视机（显示屏幕74厘米）

2. 装有高压水泵，并配有水炮、云梯等装置的救火车

3. 全棉的漂白平纹机织物，250克/平方米

5. 晒干的莲子，500克袋装

6. "美丽"牌柠檬香型亮光液，600毫升压力罐装，使用时喷于家具表面

7. 电子眼压记录仪，通过记录眼动脉压、眼静脉压的变化，对眼睛进行诊断

8. 早孕自测卡，纸质，涂有检测试剂，通过与尿液接触后的颜色变化来初步判断是否怀孕

9. 安放在公共场所的饮料自动售货机（装有制冷装置）

10. 一种戴在手腕处的装饰品，用樟木制成圆珠状，再用线串成

11. 冷藏的中华绒螯蟹

12. "女儿红"牌米酒（酒精浓度15%），用2升的陶罐盛装

13. 由漂白的棉线浅黄色的人造棉线织成的平纹机织物，300克/平方米，其中按重量计，棉和人造棉含量各为50%

14. 绿豆汤罐头，由绿豆煮熟并加糖制成，含固形物约35%

15. "龙井"绿茶，150克塑料袋装

16. 线型低密度聚乙烯粒子

17. "天天"牌盒装面巾纸，250张/盒，规格19厘米×20厘米

18. 用作局部麻醉的普鲁卡因针剂

19. 美味鸭舌，一种风味小吃，真空包装，15克/包

20. 海绵橡胶制粉拍，用于化妆时施敷香粉

商品归类技巧总结

任务四

完成商品归类

（报关员考试2006年考题）

1. 酸性红B，一种有机合成染料，红色，主要用于化学纤维的染色，25千克包装

2. MS非泡沫板，MS即甲基丙烯酸甲酯（单体单元占30%）-苯乙烯（单体单元占70%）共聚物

3. "液体口香糖"，20克/支，成分为食用酒精、香精、巴斯甜、甘油、山梨醇等，使用时喷于口腔，起清新口气的作用

4. "达菲"，一种抗H5NI型禽流感病毒的口服药物（0.25克/粒），化学名称磷酸奥司他韦

5. 日本手卷水果寿司，用紫菜裹以大米饭、少许水果丁和调料后切成小卷

6. "韩式"大麦茶，由大麦烘炒磨碎制得，每10克装于纸袋，食用时连袋一起在热水中浸泡

7. "长寿"牌西洋参片，干的，50克/盒

8. 活的淡水小龙虾

9. 吊秤，最大称重为1000千克

10. 带有录音功能的mp3音乐播放器（不能接收无线广播）

11. 一种大芯板，厚12毫米，由两面是针叶木饰面，中间层为碎木料的芯板（厚8毫米）胶合而成

12. 铜制镀金领带夹

13. 外科手术刀，不锈钢制

14. "丰田"轿车用电动天窗

15. 天丝棉单股纱线，由天丝65%、棉35%混纺而成，其中的天丝（tencel）是一种新型纤维，是由木质浆粕为原料进行再生的纤维素纤维

16. 卧室用家具，红木制

17. 螺纹钢，由非合金钢经热轧扭曲成表面起螺纹的实心直条状，直径 2 厘米，长 4 米

18. 棉 30%、羊毛 30%、涤纶短纤 25%、腈纶短纤 15% 的浅黄色平纹机织物，250 克/平方米

19. 手工钩编的涤纶餐台布

20. 女式棉（含 8% 氨纶）牛仔短裤，机织

商品归类技巧总结

任务五

完成商品归类

（报关员考试2007年考题）

1. 普洱茶，净重1千克/包

2. “SK Ⅱ”洗发香波，500毫升/瓶

3. 涤纶弹力丝（由聚酯化学纤维长丝加工成变形纱线），非供零售用

4. 立体显微镜

5. 高尔夫球

6. 由高速钢（一种合金钢）热轧制的圆钢，截面为实心圆形，直条状，直径4厘米，长4米

7. “达能”草莓果粒酸奶，125克/瓶

8. “惠普”静电感光式多功能一体机，具有复印、扫描、打印和传真功能，可通过与电脑连接进行激光打印，与电话网络连接收发传真

9. “立邦”梦幻系列硝基木器漆，以硝酸纤维素为基本成膜成分，加上有机溶剂、颜料和其他添加剂调制而成

10. 男式蓝色一次性浴衣（涤纶无纺布制）

11. 一种牛津布，用尼龙短纤织成机织物，染成黑色，然后其一面（此面作为背面）薄薄地涂上聚氨基甲酸酯（肉眼可见涂层）以防止雨水渗透，用于制作箱包

12. 汽车发动机（点燃式活塞内燃发动机）排气门用的螺旋弹簧（材料为合金钢）

13. “远洋牌”烤鱿鱼丝，用新鲜的鱿鱼配以白砂糖、盐、味精后烤制而成，125克/袋

14. 纳米隔热膜，宽1.524米，成卷，一种新型的汽车玻璃用隔热膜，它将氮化钛材料用真空溅射技术在优质的聚对苯二甲酸二酯薄膜上形成纳米级的涂层，起隔热、防紫外线、防爆等效果

15. 快速吸水浴巾，由一种新型超细纤维(70%涤纶 30%锦纶)织成的毛巾布制成

16.“宝马”2.8 升轿车用的汽油滤油器

17. 硫化汞

18. 利福平胶囊，24 粒/盒，抗结核病药

19.“摩托罗拉”G20 型手机专用天线

20. 牛奶包装盒用纸板，由漂白过的纸(每平方米重 350 克)与塑料薄膜复合而成，其中纸构成了基本特征，宽 1.6 米，成卷

商品归类技巧总结

任务六

完成商品归类

（报关员考试2008年考题）

1. 全脂奶粉（脂肪含量23%），未加糖，450克/袋

2. 头孢西丁胶囊，一种抗生素药物，0.5克/粒，12粒/盒。

3. 废电动机，大小、形状不一，混装在一起，都已损坏，只能用于拆解并回收铜、铁等原材料，以回收铜为主。

4. ABS（丙烯腈－丁二烯－苯乙烯共聚物）塑料粒子

5. 50%棉、50%涤纶短纤的平纹机织布，未漂白，宽1.5米，成卷，200克/平方米

6. "索尼"笔记本电脑，重3千克。

7. 香烟滤嘴成型用热熔胶，由乙烯－乙酸乙烯酯共聚物树脂、增粘树脂、蜡、抗氧剂等组成，20千克/桶。

8. 一种韩国泡菜，将大白菜、萝卜先用盐腌制，然后配上由葱、洋葱、蒜、虾酱、糖、辣椒等做成的调料，再经发酵一段时间即成，2千克/坛

9. 一盒零售食品，内有少量薯条和番茄酱，以及一个牛肉汉堡（上下两层面包片，中间是牛肉，牛肉质量占60%）

10. ABS（丙烯腈－丁二烯－苯乙烯共聚物）塑料制音箱外壳

11. 轿车用后视镜（已镶框）

12. 一种强化复合地板，规格700毫米×190毫米×10毫米，由耐磨层（三氧化二铝膜）、表层（印木纹的纸）、基层（干法生产的中密度纤维板，密度0.85克/立方厘米，厚9.5毫米）、背板平衡层（一种纸）经树脂浸渍后高温强压复合而成，边、端制成榫接企口以便于安装

13. 一款家庭两用沙发,(晚上放开可当床睡觉),由木框架、弹簧加上软垫和化纤布面制成

14. “王老吉”凉茶,易拉罐装,含有水、白砂糖、仙草、布渣叶、菊花、金银花、夏枯草、甘草等成分,有清热去火的功效。

15. 一种金拉线,又称烟用拆封拉带,材料是涂有特种黏合剂的聚丙烯,主要用于开拆包装卷烟条盒和小盒的薄膜,也可用于光碟、扑克等外包装薄膜的拆封,厚25um,宽2.5mm,长5000m.

16. 汽车 GPS 导航仪,装于汽车上为驾驶员提供道路导航

17. 拖修车、清障车或交通事故牵引车,使用的是柴油发动机

18. 电子防丢器,由子机和主机组成,工作时子机发出稳定的无线电波,主机接收到子机的无线电信号时不报警,当主机和子机之间的距离超过预定的距离时,主机接收不到子机的无线电信号,立即发出报警声,提醒使用者。由于手机、钱包、箱包、宠物、小孩等物品或人身上,防丢及防偷

19. 针织全棉服装

20. 手机挂绳,编带部分以涤纶纱线用编带机织成

商品归类技巧总结

任务七

完成商品归类

（报关员考试 2009 年考题）

1. 书籍：《中华人民共和国进出口税则》

2. 桶装方便面，内有一块面饼、两包调料和一把塑料餐叉

3. 新的“米其林”牌充气轮胎，轿车用

4. “三菱”全电动小轿车，5 座，使用锂电池，输出功率 47 千瓦，最高时速 130 公里/小时

5. 如图所示不锈钢热轧材料，每根长3.5米

6. 干的猪蹄筋，500 克/袋

7. 如图所示男式服装，以克什米尔山羊针织面成

8. 针织印花棉制床单

9. 如图所示的柚木实木地板，规格 910 毫米 ×122 毫米 ×18 毫米

10. 北京奥运会游泳馆“水立方”使用的一种 ETFE 薄膜材料，中文名乙烯－四氟乙烯共聚物（其中四氟乙烯单体单元占 75%），厚 0.1 毫米，宽 1.5 米，长 30 米

11. “现代”牌优盘(U 盘),1G(未录制任何信息)

____

____

12. 如图所示 32 公支粗梳多股羊毛绒线,每盒 500 克,有 6 个线团

____

____

13. 如图所示的 DT-8806 型人体非接触红外线测温仪,适合于出入境口岸、机场、车站、宾馆等公共场所人体体表温度的检测,便于筛检具有发热症状的病人

____

____

14. “舒适”牌男士抑汗清新喷雾,成分为三氯化铝、香精、防腐剂等,使用时喷于腋下,能有效抑制汗液,保持皮肤干爽,避免出汗引起的过重汗味

____

____

15. 一种桃皮绒,由一种新型超细纤维(70%涤纶短纤和 30%锦纶短纤)织成平纹机织物,染色,再在表面砂磨出一层精致细密似桃皮的小绒毛

____

____

16. “黑匣子”,用于记录飞机的飞行姿态、轨迹、速度等多种飞行数据。飞机失事时,“黑匣子”的紧急定位发射机自动向四面八方发射无线电信号,以便搜寻者溯波寻找

____

____

17. “暖宝宝”牌一次性使用取暖片,由铁粉、水、活性炭、蛭石、吸水性树脂、食盐等混合置于无纺布袋内,并密封成片状。使用时打开包装,贴于人体的肩部、背部、腰部、胃部或者关节部位,取暖片中的成分在空气中氧气的作用下发生放热反应,可在 12~20 小时内持续不断地释放热量,起到驱寒保暖的作用

____

____

18. 大马哈鱼,经切块加入调料烹煮加工后制成罐头

____

____

19. 一种热敏传真纸,规格 210 毫米×30 米,由热敏原纸为纸基,在其一面涂布一层热敏发色层,发色层是由胶粘剂、显色剂、无色染料组成。当热敏纸遇到发热的打印头时,打印头所打印之处的显色剂与无色染料即发生化学反应而变色并形成图文

____

____

20. 超市出售的复合氨基酸口服液，含多种氨基酸、维生素和微量元素，能保持人体营养平衡，增强机体免疫力，提高健康水平

____

____

商品归类技巧总结

任务八

完成商品归类

（报关员考试2010年考题）

1. 绿豆（晒干的，非种用）2kg/袋

2. 已煮熟芦笋罐头

3. 牛皮制公文包

4. 陶制汤碗

5. 如图所示的"LOCK&LOCK"牌食品储藏盒。每套由不同大小，形状的盒子组成，用于厨房间存放各种食品和调料，由PC（聚碳酸酯）制成

6. 活的海参

7. 香云纱，我国特有的一种绸布，以上等桑蚕丝机制成布（幅宽大于30厘米）天然染料染色，再经河中黑泥涂抹，漂洗，曝晒，反复多次而成

8. 电动睫毛刷（装有纽扣电池）

9. "天使"牌保养面膜，16片/盒，该面膜是将调配好的营养美容液（含有去除粉刺，死皮，老化角质，油污的清洁成分和保湿成分、皮肤营养成分）涂在薄型无纺布上，使用时将面膜直接紧贴在脸部，对改善肤质有一定效果。

10. 如图所示的婚纱，由涤纶机织而成

11. "宝路"牌宠物专用罐头，由精细研磨的牛肉（占60%），蔬菜（约占30%），和其他营养成分混合而成，400克每袋装

12. F－1硝基漆防潮剂，由沸点较高、挥发速度较慢的酯类、醇类、酮类等有机溶剂混合而成，该防潮剂与硝基漆的稀释剂配合使用，可在湿度较高的环境下施工，以防止硝基漆发白

13. ABS 塑料制汽车空调用风向转动板

14. 如图所示的汽车遮阳板，其规格为130cm×70cm，可折叠，两面反光铝箔，内部衬以聚乙烯发泡材料

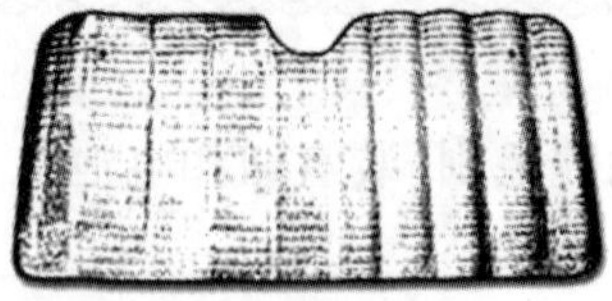

15. 如图所示的商品。其主要功能是将单个耳机插孔转换为两个耳机插孔

16. 如图所示睡眠用眼罩，外表面为黑色尼龙针织面料，内表面为蓝色棉制无纺布，内衬丁苯橡胶海绵，用于旅行或日常休息时避免光线照射。

17. 一种印度咖喱粉，以丁香，小茴香子，胡荽子、芥末子，姜黄粉和辣椒粉等香料调配而成。

18. 羽毛球

19. 如图所示的是一种高可靠、高精度、呼吸式酒精检测仪。其核心部件采用新型高科技微变氧物半导体，当接触酒精气体后，其电阻发生变化，通过该阻值的变化即可分析出气体酒精含量，且不受烟味，咖啡等非酒精类气体干扰，适用于交警等部门检查酒后驾车。

20. 如图所示的商品。用于沐浴乳液、洗发水、洗面奶乳液等液体包装容器上，其工作原理是：按钮压下时空气从小孔迅速排出，小孔附近的压强小，容器里液面上方的空气压强大，松开按钮后液体就沿小孔下边的细管的上口流出，其结构组成：塑胶制品、不锈钢弹簧、不锈钢滚珠，使用时用手向下挤压，容器中的液体即可流出。

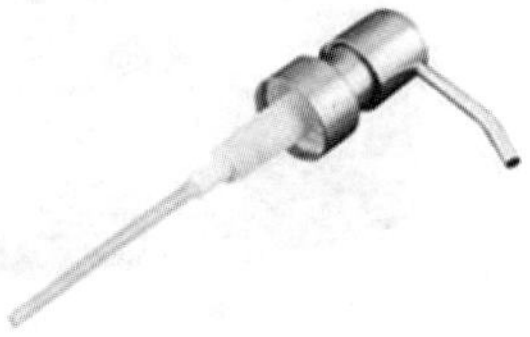

商品归类技巧总结

任务九

完成商品归类

（报关员考试 2011 年考题）

1. 棒棒糖

2. “苹果”牌 iPad 平板电脑，长 242.8 毫米，宽 189.7 毫米，厚 13.4 毫米，重 680 克。配有 1GHz 苹果 A4 处理器，具有浏览互联网、收发电子邮件、阅读电子书、播放音频或视频文件等功能

3. 小麦胚芽，400 克/罐。加工方法：新鲜采收、低温烘培，功效：富含维生素 E，帮助补充体力、养颜美容

4. 一种有压纹的高级书信用纸，表面压有仿大理石花纹，由亚硫酸盐纸浆制得，规格 787 毫米 × 1092 毫米，35 克/平方米

5. 男式全棉灯芯绒（机织）休闲西服上装

6. 氟碳铈镧矿，用于制取铈族稀土元素

7. 羊驼毛皮床毯，由 8 块经过处理的羊驼的毛皮缝制加工而成

8. 包心鱼丸，1000 克/袋。配料：鳗鱼肉、面粉、猪肉、河虾、香菇（重量比为：50%、20%、20%、5%、5%）。制作过程：将鳗鱼肉泥与面粉混合加水搅拌，挤捏成丸状，以猪肉、河虾、香菇剁碎做馅，煮熟、冷却后装袋速冻

9. 蜂胶胶囊,400 粒/瓶。成分:蜂胶、玉米油、甘油、明胶等,长期服用可调节血糖、降血脂、增强免疫力

10. 唾液酒精快速检测条,将能与酒精起高特异性化学反应的双酶试剂固化于吸水纸上,使用时将检测试条的反应端沾上被测试者的唾液,根据颜色变化判定被测试者体内酒精含量,用于交警部门检查酒后驾车

11. 大理石板材,规格 120 厘米 × 200 厘米,表面、底面切割平整,并且表面经过磨平、抛光处理,用于建筑装修

12. 机器人刀削面机。用途:用于代替人工技师削面;结构:外体大部分用不锈钢材料依照人体外形压制而成,内设动力装置和传动装置,外设数控箱装置

13. 黑线鳕鱼片,用盐腌制后晒干

14. 引线框架。产品成分:铜 99.6% 以上,铁 0.05% - 0.15%,磷 0.015% - 0.05%。用途:专用于生产集成电路,引线框架是集成电路的芯片载体,使用焊膏等黏合剂将芯片粘贴于引线框架焊盘上,利用合金丝连接芯片和引线框架的引脚,以实现外部电路与芯片内部电路的连接

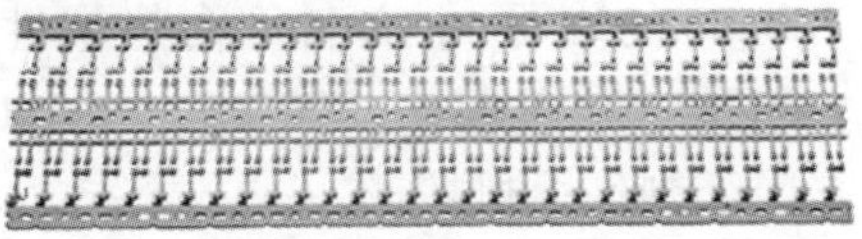

15. 全棉静电植绒布,宽 1.5 米,成卷,220 克/平方米。加工方法:在全棉机织平纹布的表面涂胶,以黏胶短纤作为绒毛,利用异电荷相吸的原理,使绒毛垂直下落到印有胶粘剂图案的底布上

16. "美孚"牌 5W - 40 车用机油,由全合成基础油加上特有的添加剂配制而成,用于汽车发动机的润滑

17. 小客车专用烟灰缸,镀锌钢铁材料制

18. 微波烘干机，又称“超级微波炉”，长 18 米，宽 1.3 米，高 2 米。用于烘干纱线、织物。

19. 玉米纤维短纤（以玉米淀粉发酵制得的乳酸为原料，经聚合成聚乳酸，再经纺丝而成纤维）

20. TPU 薄膜（TPU 是 Thermoplastic Urethane 的缩写，中文名称为热塑性聚氨酯弹性体），规格：300 毫米 × 100 米。用于制作手机按键。

商品归类技巧总结

任务十

完成商品归类

（报关员考试2012年考题）

1. 牡蛎，活的，供食用

2. 生的核桃，带壳

3. 由地沟油炼制加工成的航空煤油

4. 彩色棉花，是采用现代生物工程技术培育出来的一种在棉花吐絮时纤维就具有天然色彩的新型纺织原料

5. 印花布，平纹机织，棉65%，涤纶35%，180克/平方米，宽120厘米，成卷

6. 弯折机，也称折弯机，非数控，用途：使钢材按照设定的角度弯曲

7. 轿车用倒车雷达，装于轿车尾部，当倒车时距障碍物一定距离即发出警报声以提醒驾驶员

8. 如图所示的车辆，使用柴油发动机，用于机场机楼与机坪之间接送旅客

9. 预炸薯条，4公斤/袋，马铃薯经清洗、去皮、切条、油炸、冷冻、包装而成

10. “神龙”牌戒烟糖，以由金属银制成的及其微细的粉末为有效成分，添加于口香糖等基剂中配制而成，其原理是通过极微量的银分子对味觉神经的作用，使吸烟者对于烟草之烟产生厌恶感，从而达到戒烟效果

11. 如图所示的门垫，由海绵橡胶制成

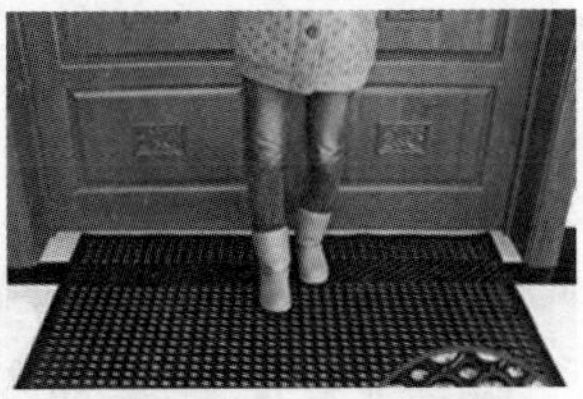

12. 硅橡胶制药瓶用瓶塞（硅橡胶学名聚硅氧烷）

13. 如图所示的高强度预应力钢筋,铁以外的成分为碳 0.28% ~0.33% 、硅 0,7% ~1.10% 、锰 0.9% ~1.30% 磷≤0.025% 、为热轧,硫≤0.025% 、銅≤0.025% ,加工工艺抗拉强度670 ~740mpa

14. 如图所示的手提包,用玉米皮为原材料手工编织而成

15. 如图所示的汽车速度表面板,安装于汽车仪表部件左部,与步进马达、控制电路及指针组成整个单元,用于显示汽车行驶速度,加工采用塑胶热压成型及表面印刷/喷漆工艺

16. 如图所示的名人蜡像

17. 巧克力爆米花(巧克力安全包裹)袋装,配料:玉米粒(爆米花专用)70 克、玉米油 5 克、黄油 25 克、细砂糖 40 克、糖浆 50 克、巧克力 60 克

18. 如图所示服装,男式、尼龙面料、羽绒胎料,用于滑雪

19. 船舶用造水机,将海水通过蒸馏、冷凝,再过滤净化,成为可以饮用的淡水

20. 如图所示的水烟壶（管），壶身用铜制成，软管用塑料制成，流行于中东地区

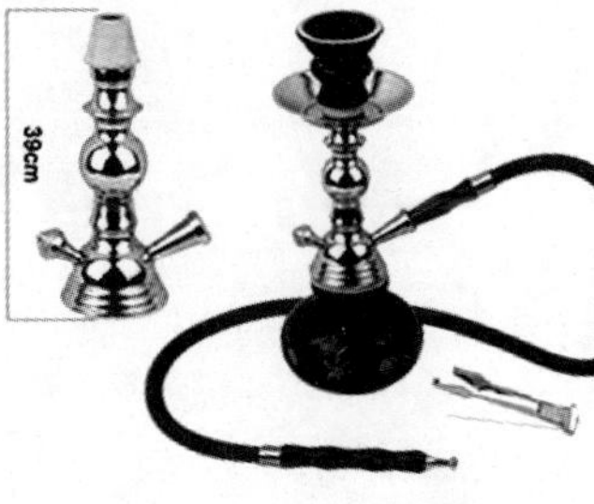

商品归类技巧总结